여기는
작은도서관
입니다

여기는 작은도서관입니다
책과 사람을 잇는 작은도서관 이야기

ⓒ 박소희 2019

1판 1쇄 발행 2019년 5월 13일
1판 2쇄 발행 2020년 7월 24일

지은이	박소희
펴낸이	한기호
책임편집	정일웅
편집	여문주, 오선이, 박혜리
본부장	연용호
마케팅	윤수연
경영지원	김윤아
디자인	이성호
인쇄	예림인쇄
펴낸곳	(주)학교도서관저널
출판등록	제2009-000231호(2009년 10월 15일)
주소	121-839 서울시 마포구 동교로 12안길 14(서교동) 삼성빌딩 A동 3층
전화	02-322-9677
팩스	02-322-9678
전자우편	slj9677@gmail.com
홈페이지	www.slj.co.kr

ISBN 978-89-6915-057-8 (03020)
책값은 뒤표지에 있습니다

여기는 작은 도서관 입니다

책과 사람을 잇는 작은도서관 이야기

박소희 지음

학교도서관저널

● 여는 글

나무가 나이테를 만들어가듯 작은도서관을 운영하며 보낸 시간을 떠올려보았다. 시간은 참으로 빨리 흘러갔다. 하루 두 차례 이상 회의를 하거나 두 개 이상의 책모임을 하고 나면, 아침에 문을 열고 들어간 도서관에서 깊은 밤 불을 끄고 나와 문을 닫는 일이 반복되었다.

20년 동안 작은도서관이라는 한 가지만을 생각하면서 보낼 수 있던 힘은 과연 무엇이었을까? 스스로 묻고 답하는 시간을 가져야 할 때가 왔다는 생각이 들었다. 변한 것이 없다는 거듭된 투덜거림 속에서도 늘 주변에 웃음을 주는 사람들이 있었다. 서툴지만 머리 맞대고 의논하여 뚝딱 무엇인가 만들기도 했다. 사람들과 책 이야기 그리고 세상 살아가는 이야기를 나눌 수 있는 공간이 세상 어디에 있을까 생각했다. 좋은 사람이 참으로 많았다.

신나게 작은도서관 운영 경험을 나눌 자리가 마련되면 전국 어디라도 갈 수 있었다. 그 또한 설레고 흥분되는 일이었다. 제주에서 서울까지, 도시건 농촌이건 섬이건 전국 곳곳 동네마다 작은도서관이 만들어졌다. 하루에 전주에서 부산까지 간 적도 있으니 아무래도 구름을 타고 다니는 게 아니냐는 농담을 던지는 사람들도 있었다. 그러나 작은도서관이라는 인연으로 서로 손 잡을 수 있으니 늘 반가웠다. 먼 길도 어렵다 느껴지지 않았다. 새로운 시도에 절로 신이 나고, 함께하는 사람들이 생길 때마다 없던 기운도 생겼다. 이것이 작은도서관을 하는 이유였다.

작은도서관을 만난 덕에 많은 경험치를 내 안에 차곡차곡 쌓을 수 있었다. 작은도서관 조성도 해보고, 교육도, 정책을 만드는 과정도 여러 차례 진행했다. 그러나 늘 총총거리며 돌아다니다 보니 무엇 하나 제대로 정리하지 못했다. 돌아보는 시간을 갖지 못한 후회가 든다.

변화가 없는 것 같았지만 어느새 많이 변했다. 물이 끓어 수증기로 변화하듯 양질전화의 그 순간을 작은도서관이 맞고 있는 것은 아닌가 생각하게 된 데에는 여러 변화의 지점들을 체감하게 되었기 때문이다.

공공도서관과 작은도서관의 수가 늘어나고, 이를 바탕으로 도서관에 대한 인식과 운영 철학도 새로이 정립해야 할 필요가 생겼다. 인터넷의 빠른 속도는 우리의 생활에도 많은 변화를 주었다. 그 속도에 맞추어 사람들 또한 변화하고 있다. 빠른 변화 속에서 '나'를 잃지 않으며 작은도서관의 정체성과 존재 이유에 대한 근본적인 물음의 시간이 필요했다. 그래서 무모하게도 작은도서관에 관한 이야기를 담은 책을 써야겠다고 용기를 냈다. 바쁜 일상에 치여 원래의 계획과는 달리 책을 쓰는 데 더 많은 시간을 내지 못했음을 반성한다. 그러나 '작은도서관'을 생각하며 살아온 시간들에 대한 흔적 하나를 남기며, 또 다른 시작을 위한 결심처럼 작은도서관에 대한 단상들을 정리하고 싶었다. 작은도서관으로 함께 활동했던 사람들, 지금도 열심히 작은도서관을 통해 새로운 '나'와 '벗'을 만나고 있는 사람들의 이야기를 전하고 싶다는 마음으로 그 기록들의 한 조각을 남긴다.

1부는 작은도서관의 꿈을 담았다. 전국의 작은도서관 운영자들과 만나 보고 느끼고 허심탄회하게 이야기한 것들을 담았다.

2부는 작은도서관을 운영하며 이렇게 하면 좋겠다고 생각한 내용들을 정리한 글을 현재에 맞추어 수정한 글이다.

3부는 작은도서관을 좀더 잘 운영해보고자 찾아갔던 해외 도서관 탐방의 기록을 정리한 글들을 실었다.

어느 날, 작은도서관 서가에서 나의 책을 만날 것 같아 수줍고 부끄럽다. 다만 작은도서관이라는 길을 걸어온 20년 동안 선배가 되어 주었던 고마운 사람들을 기억하고 싶다. 또한 지금도 열심히 살아가고 있는 작은도서관 사람들에게 용기를 주고 싶다. 작은도서관은 참 좋은 곳이라고 말하고 싶다.

"한 발자국 물러서 보면 돌봐야 할 때와 내버려 둬야 할 때를 조금은 알게 될 거야." 전소영 작가의 「적·당·한·거·리」 그림책이 오늘 나에게 말을 걸고 있다. 참 적절한 책이 오늘도 나에게 말을 붙여준다. 적당한 거리에서 작은도서관을 다시 생각해보고자 했다. 일단 나의 속도를 찾기 위해 잠시 '멈춤'의 시간도 꼭 가져보려고 다짐한다.

2019년 5월
새로운 봄날에
박소희

차례

여는 글 • 4

1부 | 작은도서관의 꿈

책과 사람을 잇는 도서관을 짓다 • 13
책을 읽는 곳에서 책으로 소통하는 곳으로 • 28
작은도서관을 이끄는 것은 결국 사람이다 • 40
할 수 있는 일, 하고 싶은 일이 담긴 작은도서관 • 58
긴 호흡, 그리고 또 한걸음 • 71
더불어 성장하는 독서 생태계 • 84
비독자를 독자로 만드는 일 • 102
도서관계가 술렁거렸으면 좋겠다 • 113
지역 네트워크, 여럿이 함께 가는 길 • 123
장소가 기억하는 시간들 • 136

2부 | 작은도서관, 어떻게 운영할까?

작은도서관에게 제안합니다 • 151
작은도서관 장서 점검 이렇게 해봐요 • 156
책 읽고 싶어지는 독서 프로그램 만들기 • 162
작은도서관의 예산 • 168
독서동아리, 작은도서관의 생명줄 • 175
작은도서관 운영자 교육 • 181
작은도서관이 함께 모여야 하는 이유 • 186
공공도서관과 작은도서관이 만나는 방법 • 191
작은도서관, 무엇을 평가할 것인가? • 196
아파트 작은도서관 운영 활성화를 위해 • 202

3부 | 해외 도서관 사례

독일_ 메르헨가도에서 만난 이야기들 • 211
핀란드_ 민주주의와 평등의 원칙을 지키는 도서관 • 222
스웨덴_ 우리가 꿈꾸던 도서관이 있는 곳 • 239
덴마크_ 역사를 건축에 담아 기억할 줄 아는 나라 • 261

주석요약 • 280
부록 • 282

1부

작은 도서관의 꿈

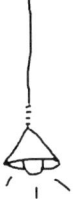

책과
사람을 잇는
도서관을 짓다

고정순 작가의 『가드를 올리고』(만만한책방, 2017)를 읽는다. 가끔 그림책을 읽으며 훅 달아오르는 감정선을 주체할 수 없을 때가 있다. 어김없이 눈물이 흐른다.

글과 그림은 두 공간을 이루고 있다. 글은 산을 오르고, 그림은 커다란 링 위를 비춘다. 글러브를 낀 두 선수가 맞서고 있다. 숨 가쁘게 오르는 산이나 상대를 이겨야 하는 링 위에서는 목표가 분명하다. 정상을 찍지 않고는 못 배겨 악을 쓰고 오르는 자신을 발견할 수도 있다. 죽을 만큼 숨이 차오르는 링 위에서는 누군가가 이기거나 쓰러져야 승부가 결정된다. 상대의 약점을 잘 살펴야 한다. 내리꽂히는 훅에는 힘이 들어가야 한다. 두 선수 모두 링 위에 승자가 되기 위해 뼈를

깎는 훈련을 해왔다. 왜 그런 무모한 경기에 나서야 하는 걸까? 사람들은 의아해하지만, 선수는 자신과의 싸움에서 이기기 위해 애쓴다.

산과 링 모두 우리 인생의 한 장면이 되어 지나온 시간을 돌아보게 한다. 작은도서관 활동도 마찬가지다. 나는 지금 어디쯤 와 있는가? 어디를 향해 가고 있는가? .

작은도서관 활동을 시작한 지 20년이 되었다. 다시 가드를 올리고 힘을 모아야 할 시간이다. 무척 바빴고, 수많은 사람과 인연을 맺었다. 인디언들은 말을 타고 달릴 때 자신의 영혼이 잘 쫓아오고 있는지 돌아본다고 한다. 지금, 작은도서관도 다시금 어떤 꿈을 향해 가고 있는지 돌아보아야 한다. 이 책은 작은도서관을 이루는 공간과 사람과 책을 이야기하면서, 지금까지 걸어온 길을 되짚고, 앞으로 걸어갈 길을 찾으려는 시도이다.

그림책으로 특화된 흥부네작은도서관

서울시 구로구에는 흥부네작은도서관이 있다. 밀집한 주택가 골목을 지나 오르막길 한편에 작은 정원이 곱게 꾸며진 예쁜 컨테이너 두 채가 바로 그곳이다. 2016년에 생긴 작은도서관이지만 들어서는 순간 감탄사를 연발할 정도로 잘 꾸며진 서가와 마주하게 된다. 작은 공간을 어찌 이리도 알차게 꾸몄을까? 흥부네작은도서관은 그림책 도서관이라고 자신들을 소개한다. 『그림책에 흔들리다』(낮은산, 2016)의 작가 김미자 씨가 구로구로부터 위탁을 받아 문을 연 구로구립 1호 작은도서관이다. 공립이지만 공간만 위탁받았고, 운영 전체는 자원활동가들이 책임지고 있다. 그림책 도서관답게 모든 서가에는 그림책들이 잘 소개되어 있고, 그림책 속 주인공들이 서가 곳곳에서 튀어나올 듯 캐릭터 인형과 그림 액자로 전시되어 눈길을 사로잡는다.

  작은도서관은 공공도서관보다 공간이 작은 편이다. 다양한 장서를 갖추기에는 부족한 공간이라 지역의 특성 및 이용자를 고려해서 장서를 갖추려는 노력이 필요하다. 흥부네작은도서관은 그림책으로만 특화하여 장서를 갖추고 있다. 어린이부터 노인에 이르기까지 누구나 함께 즐길 수 있다는 것이 그림책의 장점이다. 그림책이 주는 깊이와 즐거움을 알기에 그림책으로 작은도서관 운영의 특화를 잡은 부분이 흥부네작은도서관의 특징이다. 도서관 운영도 일곱 명의 운영위원과 여섯 명의 자원봉사 모임인 그림책꽃밭에서 맡아서 진행하고 있다.

△ 흥부네작은도서관 전경
▽ 흥부네작은도서관 서가

작은도서관진흥법 제9조(국유공유재산의 무상대부 등)에는 민간 사립 작은도서관이 처한 어려움의 한 부분인 공간 무상 임대 관련 법조항이 명시되어 있다. 서울 성동구의 책읽는엄마책읽는아이 작은도서관도 성동구에서 무상 임대한 공간에서 자체 운영비를 마련하여 운영하고 있다. 다만 흥부네작은도서관은 구립(공립)이고 책읽는엄마책읽는아이 작은도서관은 사립이라는 차이가 있다. 따라서 흥부네작은도서관은 현재 민간 위탁의 형식을 띠고 있다.

흥부네작은도서관은 그림책을 통해 다양한 문화 활동 및 독서와 놀이 활동을 활발하게 진행하고 있다. 그리고 어린이, 청소년, 유아, 성인을 대상으로 각종 동아리가 활동하며, 그림책 관련 강의와 마을 행사가 운영되고 있다. 대표적으로 시 그림책 필사 활동인 '사각시각'과 '너랑나랑시랑'이라는 이름의 어린이 시 모임도 활발하게 진행되고 있다.

공간은 사람들을 안정적으로 품어 안는다. 가정과 학교가 아닌 도서관은 누구나 평등한 관계로 지역사회와 함께 성장하는 제3의 공간이다. 따라서 이곳에서는 다양한 사람이 모여 자신의 재능을 나누고 공동체를 경험할 수 있다. 흥부네작은도서관은 하루가 다르게 성장하는 아기처럼 호기심 많고 의욕이 넘치는 공간이다. 앞으로 작은도서관의 좋은 운영 모델이 될 뿐 아니라 소중한 공간으로 구로구에 자리 잡아 갈 것으로 보인다.

자연을 닮아 가는 '숲으로작은도서관'

　사람들이 어느 곳을 찾을 때 가장 많이 검색하는 것이 맛집 정보일 것이다. 낯선 곳일수록 잘 먹고 잘 놀 수 있는 환경이 조성되어 있으면 다음에 누군가와 또 와보고 싶다는 생각을 하게 된다. 어느 때부턴가 지역에 가면 작은도서관을 찾게 된다. 전국에 열 개 지부가 있으니 협회 일로도 다양한 지역을 가게 되고, 가면 또 인근의 작은도서관들을 소개받아 관계의 폭을 넓힐 수 있다. 힘든 지방 출장에도 사람을 만날 수 있다는 장점이 있기에 신이 나서 찾아가곤 한다. 어찌 보면 힘을 받고 돌아오는 길이 되기에 작은도서관 나들이는 언제나 조금은 흥분된다.

　강원도 인제를 생각하면 늘 백담사 초입에 있는 솔방울도서관이 그리워진다. 작은도서관 운영자가 대부분 여성이었던 2000년대 초반, 젊은 청년이 운영하는 솔방울도서관은 참으로 신선했다. 어린이 사서학교를 운영하며 솔방울도서관으로 자연 탐험과 1박 2일 여행을 간 적이 있다. 마을 활동도 열심히 하는 솔방울도서관은 강원도의 자연을 선물하는 좋은 곳이었다. 그러나 지금은 전임 관장이 인도로 출가해 미얀마 양곤에서 작은도서관을 만들어 운영하고 있어 인제와의 인연은 끊어졌다고 생각했다. 그러나 올해 초 인제에 또 다른 작은도서관이 있다는 소식을 우연히 전해 듣게 되었다.

원통으로 강의를 가는 날, 인제읍에 있는 숲으로작은도서관을 방문하였다. 솔방울도서관 관장이 있을 때 지역아동센터를 운영하던 선생님이 이제는 인제읍으로 나와 숲으로작은도서관을 운영하고 있다. 인제 시외버스터미널 근처 주택가 사이에 문을 연 멋진 공간은 바로 숲으로작은도서관이다. 서울 생활을 정리하고 8년째 인제에 몸을 담고 있는 천강희 관장은 혼자 힘으로 낯선 지역에 뿌리를 내리려고 무척 안간힘을 기울였다. 아이들과 더불어 자연을 탐색하며 지역의 소중함을 아는 어린이로 성장시키고 싶은 꿈을 키우는 곳이 바로 숲으로작은도서관이다.

숲으로작은도서관은 사립 작은도서관치고는 공간이 제법 컸다. 월세뿐 아니라 전체 운영비도 사비로 충당해야 하는 열악한 상황에서도 지역에 좋은 문화를 정착시키고자 헌신하는 관장의 모습에 숙연해질 수밖에 없다. 가장 힘든 것이 무엇이었을까? 다른 지역에서 뿌리를 내리려면 어떤 결단이 필요할까? 『사서 빠뜨』(최내경 옮김, 재미마주, 2017)를 쓴 '책을통한기쁨도서관'의 창립 사서인 즈니비에브 빠뜨 여사는 평생 어린이 책읽기의 중요성을 사명으로 생각한 사람이다. 그녀는 도서관이 아이들과 만나기 좋고, 항상 책이 중심이 되는 만남이 이루어지고, 아틀리에처럼 예술적 표현들과 잘 어울리는 장소, 집처럼 편안하면서도 어린 독자들의 책임의식이 흐르는 공간임을 강조하고 있다. 인제 숲으로작은도서관은 바로 이런 빠뜨 여사 같은 어린이도서관의 사명의식을 가지고 문화적으로 소외된 어린이들과 책을 연결해주는 것을 사명으로 받아들이는 천강희 관장 같은 분이 있어 가능할 것이다.

사람들의 힘으로 다시 세운 초롱이네도서관

청주 초롱이네도서관은 20년이 훌쩍 넘은 통나무집에 있다. 한때 유행한 러시아식 통나무집이다. 경양식집이었던 곳을 인수한 터라 100년을 내다보고 튼튼하게 지어졌다기보다는 외관의 느낌만을 살린 3층 구조다. 그래도 초등학교가 보이는 주택가에 있는 통나무집 초롱이네도서관 문을 열고 들어가면 앨리스가 토끼를 쫓아 들어갔던 동굴처럼 새로운 세

◁ 책 서가와 잘 어우러지게 꾸민 숲으로작은도서관
▷ 숲으로작은도서관 입구 게시판
▽ 숲으로작은도서관 전경

계가 열리는 기분이 들었다. 세계를 여행하며 모은 아기자기한 소품과 지도로 가득 찬 이야기방, 몽실언니 인형이 반기는 서가, 여러 그림책 포스터까지, 바깥세상을 잊게 만드는 마법 같은 힘이 있었다. 부러울 만큼 풍족한 곳, 언제나 새로운 것을 제안하고 보여주는 곳이었다.

그런 초롱이네의 속사정을 아는 사람은 별로 없다. 운영자가 온전히 자기 주머니를 털어서 운영하고, 후원자들의 돌봄이 없으면 유지하기 힘들다는 사정은 여느 작은도서관과 다르지 않았다. 통나무집은 다른 곳보다 더 관리가 필요하다. 나무로 지어졌기에 습기에 약하고, 벌레들이 기둥을 갉아 먹지 못하게 막아야 한다. 어디서부터 새는지 모를 누수가 계속되었고, 시간이 지날수록 조금씩 기울어가고 있었다. 급기야 2층은 난방이 되지 않고, 문이 틀어져 닫히지 않는 상황에까지 이르렀다.

버지니아 리 버튼 Virginia Lee Burton의 『작은 집 이야기』(홍연이 옮김, 시공주니어, 1993)가 떠올랐다. 개발로 점점 퇴색해가던 작은 집이 자연과 더불어 좋은 곳을 찾아가 다시 밝게 웃게 되는 과정이 담겨 있었다. 집이 원래 있던 곳에서 차로 운반되는 과정이 신기했다. 초롱이네도 들어서 다시 똑바로 세워주고 싶다는 생각이 절실할 때쯤 좋은 기회가 찾아왔다.

초롱이네작은도서관은 2017년 도서문화재단 씨앗의 기금으로 (사)어린이와 작은도서관협회가 추진한 '작은도서관이 아름답다지원센터'의 특화도서관 지원 사업에 선정되어 기울어진 기둥을 바로 세울 수 있었다. 그해 청주는 갑자기 쏟아져내린 홍수로 물난리가 났기 때문에 기울어진 기둥을 바로 세운 것은 참으로 다행스러운 일이었다. 공사를 하지 않았으면 어찌 되었을까? 기울어진 통나무집을 다시 일으켜 세우는 데는 생각보다 많은 예산이 필요했고, 기금으로도 부족한 부분을 또 한 번 지역의 도움을 요청해야 하는 상황이었다. 지혜는 모였고, 초롱이네작은도서관을 이용하는 한 아이의 그림처럼 모두 내 일처럼 발 벗고 나서 초롱이네는 다시금 바로 설 수 있었다.

초롱이네작은도서관을 20년간 이끌어온 오혜자 관장은 이 과정에서 다시 기적을 보았다. 천사와 같은 어린이들의 마음을 보았고, 초롱이네의 20년을 지키기 위해 손을 보태고 마음을 내어준 많은 사람을 만났다. 다시 건강해진 모습으로 청주 지역에 좋은 책을 소개하는 공간으로 역할을 더 하라는 말로 새기며 새 출발을 다진다.

작은도서관은 책이 살아 숨 쉬는 공간

 공간이 주는 아름다움에 눈물 흘린 경험이 있는가. 덴마크 쿨투어베레프트가 있는 곳은 한때 덴마크 선박 산업의 주요 도시로 유명세를 떨쳤다. 선박 사업이 사양산업이 되어 선원과 노동자들이 도시를 떠나자 슬럼이 되어버린 옛 조선소와 선착장이 커다란 골칫거리가 되었다. 그곳에 멋진 도서관이 세워진 것이다. 1층 어린이도서관에 들어서면 찰랑거리는 바다 물결 위에 하얀 배 모양의 서가가 사람들을 반겨준다. 벽으로는 옛날 명성을 떨치던 때 만들어진 선박의 모형들이 전

◁ 청주 초롱이네작은도서관

시되어 있고, 배의 기관실은 공연장으로 변신했다. 선원 복장을 한 테디베어가 멋진 항해 경험을 들려주는 스토리텔링 코너도 있다. 현재는 도서관이지만 원래 이곳의 역사를 고스란히 담아내고 있다. 과거의 흔적들이 자연스럽게 구성되어 이야기를 풀어내고 있음에 부러움과 감동을 느꼈다.

제주 삼달다방에 들어섰을 때도 공간이 주는 마력에 이끌려 그만 눈물을 흘리고 말았다. 햇살을 담은 창, 그 창으로 보이는 바람에 흔들리는 나무, 편안하게 앉아 책장의 책들을 훑었다. 누구든 쉬고 싶을 때 찾아가 마음을 널 수 있는 공간은 쉽게 만들어지지 않는다. 자연에 거스르지 않고 그대로 낮과 밤, 그리고 사계절의 변화를 지켜보며 상상해낸 공력이 모여 삼달다방은 탄생했다.

두 곳을 작은도서관 공간에 비교할 수는 없다. 규모의 문제가 아니다. 그 공간이 담기기까지의 과정에 우리는 더 주목해야 한다. 공간은 사람의 생각이 농축되어 나타난 것이다. 공간은 감각이다.

앞서 소개한 세 곳의 작은도서관을 보자. 1년, 7년, 그리고

△ 덴마크 쿨투어베레프트 어린이실 내부

20년을 일구어낸 경험은 모두 다르다. 하지만 고비마다 공간을 만들고 손때를 묻힌 정성의 흔적은 똑같이 볼 수 있었다. 이곳에 모여드는 사람들에게 무엇을 보게 하고 느끼게 할 것인가가 공간 속에 담겨 있다. 그리고 공간에 모인 사람들과 함께 작은도서관은 오늘도 새로운 이야기를 써 내려갈 것이다. 언제나 그곳에 머물러 있었기에 커다란 나무가 되어 지역의 보금자리가 되고, 휴식처가 되고, 문화 광장이 될 수 있었다. 이곳을 지키고 돌보기에 여념이 없던 운영자와 이용자 그리고 자원활동가에게 감히 감사의 인사를 드리고 싶다. 작은도서관은 단순히 책을 보관하는 서고가 아니라 책이 사람들 손으로 전달되고 다시 살아 움직이게 하는 곳이다. 책이 유기체처럼 꼼지락거리고 꿈틀거리는 공간, 그곳이 작은도서관이다.

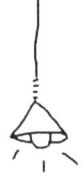

책을 읽는 곳에서
책으로
소통하는 곳으로

"어서 오세요, 무슨 책을 찾으세요?" 상가 건물의 2층, 조금은 어둡기도 하고 아이들이 올라가기에는 계단 폭도 높다. 작은도서관 간판이 붙어 있기는 하지만 선뜻 들어설 엄두가 나지 않는다. 과연 들어가도 될까? 사립 작은도서관은 대부분 공간을 임대하여 운영한다. 그러다 보니 상가 건물 2층이나 3층에 있는 곳이 많다. 게다가 골목 안쪽에 있기라도 하면 일반인들이 찾기란 참으로 어렵다.

가까이에서 몇 바퀴를 돌다가 못 찾고 가버린 사람은 얼마나 많을까? 그런데도 이런 작은도서관에 아이를 데리고 찾아오는 사람들이 있다. 이들은 어떻게 알고 작은도서관을 찾아온 것일까? 무엇을 위해 작은도서관을 찾아오게 되었을까? 작은도서관은 이들을 위해 무엇을 해줄 수 있을까?

처음 도서관을 세우고 장서를 갖추기 위해 한 권 한 권 읽어나갈 때의 기억이 떠오른다. 갖추고 싶었던 책들이 서가에 꽂힐 때의 기억도 떠오른다. 1998년 작은도서관을 시작했을 때 내가 읽어 감동한 책을 아이들에게 읽어주고 더 많은 사람에게 알려주고 싶었다.

도서관은 그런 곳이다. 이용자들이 보이고, 이용자가 좋아하는 책들을 먼저 권해줄 수 있는 곳, 그럴 수 있는 사람이 있는 곳이다. 그것이야말로 작은도서관이 가장 잘할 수 있고, 해야 하는 일이다. 작은도서관의 '책'들에 대해 다시 생각해본다. 오늘 작은도서관에 첫발을 내디딘 용기 있는 사람들에게 과연 어떤 책들이 이곳을 찾은 이유가 되어줄까? 이용자들이 흡족해하며 돌아가는 책들은 어떤 책일까?

어떤 책을 골라야 할까

2017년 수원 해님달님작은도서관의 전 관장이며 수원시 작은도서관협의회장을 지낸 최은희를 책임연구자로 「작은도서관 어린이책 기본 장서 연구」[1]가 진행되었다. 총 1550종의 장서 목록을 연구했다. 작은도서관에서 어린이를 위한 서비스를 제공하고 있으나 장서 내용 면에서 질적, 양적으로 부족하다는 현실 인식에서 출발한 연구다. 어린이에 대한 연구와 제한된 수서 공간에 적합한 전략적 장서 개발이 필요하다는 경험자로서의 문제 인식이 바탕에 깔려 있다. 따라서 작은도서관 조성을 생각하고 있는 곳이 참고할 기본 장서 목록을 제안하고, 기존의 작은도서관 또한 이 목록에 기초하여 어린이 장서를 보완하는 도구로 쓰이는 것을 목적으로 하였다. 연구를 진행하는 과정에서 어린이 도서의 장르와 범주, 분류와 배열 그리고 기준에 대한 고민을 선행 연구를 통해 살펴보았다. 또 표본 도서관의 장서 목록을 비교하여 1차 도서를 선정(2540종)하고, 작은도서관 활동가 및 어린이책 전문가와 함께 2차 목록 선정위원을 구성하여 1270종의 2차 목록을 선정하였다. 이에 연구자들이 부족하다고 생각한 부분을 보완하여 최종 목록 작업을 완성하였다.

해당 연구의 장점은 현장성에 있다. 연구를 통해 표본 도서관을 포함하여 실제로 운영되고 있는 작은도서관의 장서 목록을 살펴볼 기회를 얻을 수 있었다. 또 장서 선택의 기준이 무엇인지를 파악하는 계기도 되었다. 연구 자료를 살펴보며 좁은 작은도서관 서가에 꽂힌 책들이 어린이와 일반 이용자의 손에 전달되어 읽히기까지 어떤 노력이 더 보태져야 하는지 돌아보았다. 어린이책뿐 아니라 기본 장서 목록에 대한 고민으로도 확대되었다. 작은도서관의 중심인 '책'과 '정보'가 지역과 이용자 구성에 따라 어떤 차이를 보이고 있는지, 누가 무엇을 기준으로 책을 선정하는지, 도서 선정 도구는 무엇인지 또 다른 연구가 필요하다.

책은 소통의 도구

실제 작은도서관 현장에서는 갖추고 있는 책들로 어떻게 이용자와 소통하고 있을까? 작은도서관뿐 아니라 공공도서관에서도 다양한 프로그램이 셀 수 없이 많아졌다. 1년에 100개 이상의 프로그램을 운영하는 곳도 많다. 북페스티벌 같이 규모가 큰 독서 관련 행사들도 있지만, 독서 강좌, 문화 강좌, 문화예술 프로그램 그리고 과학, 역사, 자격증 취득 과정에 이르기까지 평생교육 시대에 맞춰 다양한 계층을 아우르는 프로그램이 있다. 프로그램만 진행하다 1년을 다 보내고 12월이 돌아오면, 사업비를 정산하기 바빠 행정가로 변신한다는 운영자들의 넋두리를 듣는 경우도 많다.

이렇게 다양하게 전개되는 프로그램은 이용자들의 책읽기와 어떻게 연계되고 있을까? 프로그램을 진행하는 과정에서 수강생들은 또 다른 질문과 답을 찾아 도서관 서가를 어슬렁거린 경험들이 있을까? 강좌가 끝나 도서관을 빠져나가는 사람들은 얼마만큼의 만족감을 가지고 떠날까? 도서관은 수강생들을 위한 준비 작업으로 관련 도서를 소개하고 안내하는 일을 반드시 해야 한다. 하지만 이러한 과정이 생략된 채 준비되는 강좌나 프로그램이 너무 많아지고 있다. 안타까운 일이다.

서울시 강동구에 위치한 천일어린이도서관 웃는책(관장 김자영)에서는 해마다 "여러 나라 그림책을 만나요"라는 책장을 마련해오고 있다. 작은도서관이라면 책과 이용자의 만남을 주요한 운영 방향으로 가져가야 한다는 생각에서 몇 해 전부터 진행해오고 있다. 우리나라 그림책 작가의 작품으로 1년, 일본과 미국을 비롯한 세계 여러 나라 그림책 작가의 작품으로 또 1년 동안 서가를 구성한다. 먼저 운영위원회와 동아리가 스무 명 정도의 작가군을 선정한다. 어린이와 일반 이용자는 그 후보군에서 만나고 싶은 작가에 스티커를 붙인다. 그렇게 한 해 함께 읽을 그림책 작가를 선정하고, 매월 그 작가를 소개하는 글과 함께 책장에 그림책을 전시한다.

우리나라 그림책 작가라면 '작가에게 편지 쓰기' 등을 통해 책을 읽은 감상을 써서 보내거나 강연회를 유치하여 직접 만나기도 한다. 이용자들이 직접 선정한 작가들이니 책에 대한 관심뿐 아니라 작가에 대한 이해도 높아진다. 책장에는 작가의 작품 속 캐릭터들이 인형으로 만들어져 함께 전시되고, 동아리 성원들의 도움으로 함께 캐릭터 인형을 만드는 시간을 갖기도 한다. 1년 동안 전시된 다양한 작가의 책을 읽고 소감을 담아 매년 자료집을 만들기도 한다. 책을 통한 도서관 이용자들의 소통이 이 특별한 책장을 만든 가장 중요한 기획 의도라고 한다.

이용자들이 책장 꾸미기를 통해 작가 선정에 참여하고, 이용자가 선택한 작가의 책을 함께 읽고, 어린이부터 어른까지 그 책을 읽고 느낀 소감을 나누고, 그럼으로써 더 많은 사람과 공감하는 이 모든 활동은 반드시 해야 하는 도서관의 일상이어야 한다. 천일어린이도서관 웃는책의 활동은 작은도서관 활동의 좋은 사례이다.

지역 이용자의 특성을 반영한 서가를 갖추다

2016년 일본 돗토리현으로 도서관과 책방 탐방을 다녀왔다. (사)어린이와 작은도서관협회는 해마다 작은도서관의 눈높이로 세계의 도서관을 돌아보자는 의미에서 해외 도서관 탐방을 기획하고 있다. 일본 돗토리현을 방문한 이유는 일본 중소도시의 책 생태계를 보기 위함이었다. 책과사회연구소 백원근 소장의 안내로 히노초립도서관, 남부초립텐만도서관, 돗토리현립도서관, 돗토리시립게다카도서관, 미사사초립도서관과 데이유도서점, 그림책의 집 해바라기, 그리고 시민단체에서 운영하는 탈학교 청소년 쉼터 카이케온천어린이집, 이마이서점을 방문했다. '책의학교'를 운영하고 있는 이마이서점을 중심으로 학교와 도서관과 지역 시민단체들이 책읽기 문화를 만들고 지켜가는 활동들을 볼 수 있었.

돗토리현은 우리나라 강릉과 분위기가 비슷하다. 바다가 있고, 산이 있고, 그 산 아래로 마을이 있으며, 온천으로 유명하다. 하야시 아키코의 그림책 『은지와 푹신이』(이영준 옮김, 한림출판사, 1994)에 나오는 모래언덕이 유명한 곳이다. 사구 근처 미술관에서 전시되는 모래조각전시관과 게다카도서관 회원증이 바로 『은지와 푹신이』 그림책의 한 장면이었다. 도쿄나 서울과 달리 산길을 따라 도로와 철길의 간이역이 눈에 들어오는 고즈넉한 시골이었다. 그러다 보니 전체 인구가 적을 뿐 아니라 노령화 사회의 모습을 도서관에서도 쉽게 볼 수 있었다.

돗토리현의 어느 공공도서관을 가든 눈길을 사로잡는 것은 건강 관련 서가와 향토 자료 서가였다. 규모를 떠나 지역 이용자의 특성을 반영한 장서 구성임을 확인할 수 있었다. 건강 코너에 놓인 자료와 도서는 아주 구체적으로 나뉘어 있었으며, 이용자들의 건강 경험을 책으로 묶어 서가에 함께 비치해 두고 있다는 점도 독특했다. '투병기 문고'라는 제목이 붙은 코너에는 질병별 극복 방법 등이 소개된 책자들이 빼곡히 꽂혀 있었다. 손때가 많이 묻은 것으로 보아 이용자가 많은

◁ 남부초립텐만도서관 ⓒ이선미　히노초립도서관 ⓒ마연정 ▷

듯했다. 우리가 방문했을 때도 도서관을 이용하는 노인이 많았다. 도서관 자원 활동도 마찬가지였다. 노인들이 동아리 활동으로 목각인형을 만들어 어린이실에서 책과 함께 빌려주기도 했고, 극단을 만들어 인형극을 공연하기도 했다.

고령화 사회로 진입한 우리도 노인 이용자를 위한 서비스를 어떻게 할 것이며, 이들을 위한 장서를 어떻게 구성할 것인지 더 적극적으로 고민해야 한다. 돗토리현에서는 특히 한 지역에 오래 머물러 살고 있는 노인 세대를 위한 향토 자료가 인상 깊었다. 과거의 생활을 떠올릴 수 있는 자료와 물품을 보관하여 도서관 한편에 전시한 모습을 흔히 볼 수 있었다. 예를 들면 지역에서 발행한 아주 작은 단체의 소식지나 전단도 있었고, 지역 축구 동호회의 유니폼 등도 전시되어 있었다. 또한 도서관 정문 한쪽에 누구나 생활 물품들을 가져다 놓고 필요한 사람이 가져가도록 꾸며놓은 코너도 있었다. 이는 도서관이 운영자만이 아니라 이용하는 모든 사람이 공유하는 공간이라는 의미를 담고 있다.

작은도서관이 책을 중심으로 한다는 것은

　작은도서관에 숨죽여 있는 서가 안의 책들은 누군가가 찾아오기를 간절히 기다리고 있다. 책등만을 보인 채 서가에 꽂혀 있거나 먼지를 잔뜩 뒤집어쓴 채 몇 년간 같은 자리를 지키는 게 아니라 독자를 만나 읽히고 싶어 한다. 이것은 도서관의 가장 중요한 사명과도 같다. 그러기 위해서 작은도서관 운영자들은 소장하고 있는 도서에 대한 이해를 바탕으로 이용자가 책에 접근할 다양한 방법을 더욱 고민하고 실천해야 한다. 지역에서 가장 가까이 만날 수 있다는 근접성, 이용자가 언제든 만날 수 있다는 친근성은 작은도서관의 장점이다. 이용자가 바로 동네 이웃이고, 동네 아이라는 점에서 작은도서관은 소장 도서에 대한 고민에 더 집중해야 한다. 따라서 기증 도서로 책장을 채운다거나 이용자의 요구만으로, 때로는 신간 도서만으로 의미 없이 책장을 채워가는 행동은 멈추어야 한다.

　시간이 흘러 지금을 만든 과거의 일들이 떠오를 때가 있다. 사회 이론들도 어느 날 갑자기 만들어진 것이 아니라 작은 사건들의 연속성과 그 안의 공통성에서 비롯되었을 것이다. 돌아보면 1990년대 이후 작은도서관이 새롭게 주목받게 된 데는 읽는 공간, 읽는 세대, 사회적 인식의 변화, 이를 반영한 출판의 확장, 새로운 작가층의 형성 등 여러 원인이 작용한 것으로 보인다. 그 시작이 어디인지는 가늠하기 힘들겠으나 어느덧 사회 전반에 작은도서관이 흐르는 물처럼 자연스럽게 자리 잡았음을 느낀다.

2016년 겨울, 온 나라를 뜨겁게 달구었던 촛불혁명 이후 사람들은 1987년에 주목하였다. 영화를 통해 1987년을 돌아보며, 그 해가 우리 역사에 어떤 의미였던가를 생각하였다. 그 현장에 있던 사람들, 그 시대를 누구보다 뜨겁게 살았던 사람들은 그 이후로도 하루하루를 1987년처럼 살아갔고, 살고 있다. 그 힘이 바로 촛불혁명으로 이어졌을 것이다. 엔뉘 안데르손Jenny Andersson이 쓰고 장석준이 옮긴 『도서관과 작업장』(책세상)에서는 지식사회를 둘러싼 1990년대의 뜨거운 논쟁을 엿볼 수 있다. 지식사회에 대해 영국 노동당은 "세계의 작업장"에, 스웨덴 사회민주당은 "도서관"에 비유하였다. '작업장'은 경쟁에서 살아남기 위한 지식과 능력과 기능의 중요성만을 강조한 표현이다. 반면에 '도서관'이라는 표현은 시민이라면 누구나 필요한 능력을 습득할 수 있도록 보편적인 접근권을 보장하는 국가의 역할을 강조한 표현이다.

이 책에서 이야기하는 도서관의 역할에 주목하게 되었다. 작업장과 도서관 중 어떤 방향이 선택될지는 결국 정책이 좌

우할 것이다. 정책이 제도화되면 사람들 속에 자리 잡게 된다. 도서관의 역할을 국가적 차원에서 고민해야 하는 이유에 더 주목했으면 한다. 도서관은 어떻게 이용자에게 접근할 것이며, 어떤 책을 만나게 하고, 어떻게 공유할 것인지 끊임없이 고민해야 한다. 도서관 운영자들은 이런 문제의식에 따라 도서관에 담고자 하는 장서를 더욱 폭넓게 이해하려고 노력해야 한다.

작은도서관을
이끄는 것은
결국 사람이다

작은도서관을 운영하는 이유를 떠올린다. 매일 생각하는 듯해도 근본적인 질문을 던지면 답을 잃는다. "작은도서관이 뭐예요?" "작은도서관을 왜 운영하세요?" 작은도서관을 운영하는 사람들을 만나 매번 어떻게 작은도서관을 운영하는 것이 좋은지, 어떻게 운영하는 것이 바람직한지 의논해왔다.

작은도서관은 이제 전국에 6000개가 넘어섰다. 주로 민간 도서관 중심이다. 2012년 작은도서관진흥법이 생긴 이후 지방자치단체에서 운영하는 공립 작은도서관과 아파트 작은도서관 건립이 확대되면서 그 수가 늘고 있다. 그러다 보니 작은도서관을 운영하는 주체가 다양해지고, 운영자들이 작은도서관을 생각하는 것도 너무나 다양해졌다.

알면 알수록 어려워진다고 했던가. 단순한 행동들이 제도가 되고, 정책이 만들어지고, 지원이 생기면서 조금씩 차이가 나타나기 시작했다. 어느 날 그런 흐름에 대한 근본적인 의문이 들었다. 작은도서관은 무엇이고, 힘들다 힘들다 하면서 왜 굳이 운영하고 있는지를 물었다. 답을 찾아야 했다.

함께하는 작은도서관 벗들에게도 같은 질문을 던져본다. 우리는 왜 작은도서관을 하고 있을까? 무엇이 우리를 작은도서관에 붙들어놓고 있는 것일까? 이 질문은 사실상 답을 찾으려는 것보다는 쳇바퀴 돌 듯 도는 일상에서 오늘보다 먼 길을 살펴보기 위함이다.

작은도서관 운영이 만만해?

언젠가 전화 한 통을 받은 적이 있다. 작은도서관 교육 때 만나 명함을 받아갔다고 자신을 밝혔다. 주민들이 동네에 작은도서관이 있었으면 해서 민원을 넣었고, 한창 공사가 진행 중이라서 스스로 교육을 받으러 왔던 분이다. 교육 이후에 이런저런 대화를 나눈 기억이 났다. 공사는 얼추 마무리되어가지만 운영을 두고 문제가 생겼다는 것이다. 기초자치단체에서 공간을 마련해 작은도서관을 조성한 것이고, 주민들은 꿈을 이루었다고 생각했다. 그런데 운영은 자치단체가 할 수 없으니 공고를 내어 운영 주체를 모집하는 방식으로 갈 예정이라고 했다. 운영비 지원은 전기세, 수도세 등의 공과금만 가능하며, 인건비부터 장서 구입비, 기타 경상비는 지원할 수 없다고 했다는 것이다. 자치단체에서는 시민들이 자발적으로 운영하는 곳들이 많으니 이곳도 그럴 수 있다고 본다는 의견이었다.

공고가 나면 지원하겠다는 단체나 개인이 있어서 더 걱정이라고 했다. 그들은 몇 년만 작은도서관에서 시간을 보내면 경력이 쌓여 다른 곳에 취직할 수 있다고 생각하는 사람들이었다. 대출과 반납 위주의 작은도서관을 원한 것이었다면, 민원을 넣어 작은도서관을 조성하는 데 의견을 모으고, 시간을 내 회의를 하며, 조성 과정을 지켜보지 않았을 것이라 했다. 당연히 자치단체에서 운영을 위한 인력과 예산을 지원할 것이라 생각했는데 너무나 당연하게 주민자치운영이라는 허울 좋은 명분만을 내세우니 방법을 찾을 수 없다고 하소연했다.

추진을 준비한 마을 사람들에게는 도서관을 운영할 전문성도 없고, 매일 상근을 하는 것도 쉬운 일은 아니다. 그런데 그동안 조성에 관여하지 않던 단체들이 갑자기 나서거나 경력에만 신경 쓰는 개인들이 나타나 지원을 얘기하니 속이 탄다는 것이다. 왜 작은도서관을 조성만 하고 운영에 대해서는 이렇다 할 지침이 없는 것인지 한참을 속상해하였다. 이야기를 듣는 동안 내 얼굴도 빨갛게 익어버렸다.

이 대화에 현재 작은도서관의 문제가 다 담겨 있었다. 작은도서관 조성은 자치단체에서 진행한다. 공립 작은도서관이 대부분 주민자치센터 등 행정기관 건물에 있어 직접적인 시설 조성 및 리모델링과 관련하여 공공도서관은 내용적 검토만을 하는 경우가 많다. 공공도서관의 분관으로 조성되는 것이 아니기에 공공도서관에는 작은도서관의 운영 책임이 없다. 여기서 법적으로 공공도서관의 범주에 들어가는 작은도서관의 운영 주체에 대한 결정권은 과연 어디에 있는지 되묻게 된다.

사립 작은도서관이야 개인이 운영하기 위해 만든 것이니 운영 주체가 분명하지만 공립 작은도서관은 누가 어떤 근거에 따라 운영 주체를 결정하는 것일까? 공공도서관인가, 마을 커뮤니티센터인가? 주민의 자발성 운운하는 얘기가 나올 때마다 참을 수 없는 분노가 인다. 운영비를 전혀 생각하지 않고 작은도서관을 조성하는 것은 멈추어야 한다. 작은도서관이라고 하더라도 어디까지나 도서관이다. 도서관 운영을 왜 이리 쉽게 생각하는 것일까? 어디에서 이런 생각이 시작된 것일까? 도서관에 대한 근본적인 생각의 변화가 필요한 시점이다. 도서관을 운영하는 것이 무엇을 의미하는지 돌아봐야 한다.

실제로 공공도서관은 인력도 제대로 충원하지 못하는 형편이다. 비정규직의 정규직 전환 문제도 마찬가지다. 사서직에서 정규직 직원을 충원하는 게 아니라 기존의 도서관 인력 중에서 정규직으로 전환해 인원을 채우려 한다. 이런 식의 행정 편의주의 때문에 도서관 인력에 대한 문제가 발생한다. 모든 일자리가 자기 역할에 맞게 안정화되는 것은 좋은 일이다. 그러나 업무에 대한 전문성과 필요 인력 충원이라는 뒷받침 없이 수적인 지침만이 남는다면 어떻게 목적에 맞게 기관을 운영할 수 있겠는가? 도서관에 대한 인식을 새로이 다듬고, 도서관 운영 인력의 역할과 도서관 운영 예산 전반을 살펴야 할 것이다.

주민 자치 운영이라는 방침이 잘못되었다는 것이 아니다. 주민이 원하는 방식으로 도서관을 운영하려면 도서관 인건비가 운영비 안에 반드시 편성되어야 한다. 마음만 가지고 운영하기는 힘들다. 주민 자치 운영에 따른 또 다른 폐단이 있음을 왜 눈여겨보지 않는가? 작은도서관 폐관율이 높아지고 있다는 기사를 접할 때마다 단추가 잘못 맞추어진 옷을 입은 느낌이다. 아래부터 제대로 단추를 맞추고 반듯한 옷으로 갈아입어야 한다.

사람이 좋아서 하는 전주 책마루어린이도서관

"관장님, 전주 책마루어린이도서관은 언제 개관했죠?" "2009년 7월 24일이에요. 하루도 잊은 적이 없어요" "일도 많고 탈도 많은데, 관장님 월급도 없이 도서관 운영을 왜 책임지고 하세요?" "사람이 좋응게 하쥬!" 전주시 덕진구 롯데마트 주차장 위에는 전주 책마루어린이도서관이 있다. 어린이도서관과 잘 어우러지는 작은 놀이터도 있으니 이보다 좋은 입지 조건이 없다.

아이들이 손으로 쓴 글씨를 로고로 사용하는 전주 책마루어린이도서관의 김경희 관장은 벌써 10년차에 접어든다. 아이들과 책밖에 모르는 사람, 순박한 사람이 김 관장을 대표하는 단어다. 언제나 자기를 낮추는 사람, 항상 이용자들의 그림자처럼 행동하는 사람, 이용자들에게 필요한 것이 무엇인지 먼저 살피는 한결같은 사람이다. 온갖 미사여구를 붙여도 그 사람을 다 담지 못해 미안할 정도다.

전주 책마루어린이도서관은 면적이 995제곱미터로 다른 작은도서관에 비해 공간이 크다. 현재는 전주 시립도서관 산하 공립 작은도서관에 속한다. 건물은 롯데마트가 전주시에 무상으로 기부채납을 하였고, 도서관을 사랑하는 책마루동무들이라는 비영리단체가 위탁 운영하고 있다. 개관부터 지금까지 위탁을 받은 곳에서 운영하여 운영의 지속성을 담보할 수 있었다.

　전주 책마루어린이도서관은 어린이도서관으로 출발했다. 그런데 지금은 공립 작은도서관에 속한다. 공공도서관 설치에 필요한 면적보다 열 배 이상 되는 곳에서 무급 관장 한 명과 자원활동가들로 겁도 없이 어린이도서관을 운영을 시작했다. 위탁 운영을 위한 조건을 정확히 걸지도 않았으며, 인력이나 인건비를 요구하지도 않았다. 다만 일상적 관리비는 무상으로 제공받고 있고, 도서 구입비는 시립도서관에서 도움을 주니 도서관을 사랑하는 모임의 사람들은 뛸 듯이 기뻤다. 개관식을 앞두고 한껏 부푼 꿈을 안고 있던 그들을 만나 교육을 했고, 개관식에도 참석했으니 기억이 난다. 그러나 매일 문을 열고 지키는 일이, 300평이 넘는 공간에 물 밀 듯이 들어오는 어린이 이용자들과 부모들이 읽고 던져놓은 책들을 정리하는 일이 쉽지는 않았다. 거기에 강좌를 열고 모임을 꾸리는 등 순수한 마음이나 열정만으로 감당하기 힘든 일투성이라는 것을 아는 데는 그리 오랜 시간이 필요하지 않았다.

그런데도 김경희 관장은 도서관에 대해 이렇게 생각한다. "책 읽는 모임을 하고 싶은데 공간이 없다는 사람들에게 도서관 폐관 이후에 문을 열어주어 책 모임을 할 수 있게 하고, 좋은 강좌가 있으니 함께 듣자는 지역 사람들 있으면 홍보하고, 같이 듣는 오픈 강좌를 만들고, 엄마들이 꾸민 연극을 아이들과 함께 보고, 일주일에 한 번쯤은 야간 운영하는 날도 필요하다 싶어 늦게까지 불을 밝혀 책 읽는 사람들을 기다려 주고······." 공립 도서관이지만 사립 도서관 같은 운영 방침에 따라, 이용자가 원한다면 할 수 있는 선에서 최대한 서비스를 제공한다는 생각으로 지금까지 도서관을 운영하고 있다.

"도서관은 시민들의 공간이고 이 속에서 특별한 모임을 할 수 있습니다. 시민들이 자연스럽게 모여 공론의 장을 벌이는 공간이 되는 것이죠. 사람들에게서 그 가능성을 보았습니다." 이것이 바로 김경희 관장이 도서관을 운영하는 이유였다. "사람이 좋응게 하쥬!" 이 말이 바로 김경희 관장이 나에게 들려준 한마디다. 9년 동안 관장으로 일하는 사이 사서가 두 명 늘어났고, 여전히 도서관을 사랑하는 자원활동가들이 운영을 돕고 있다.

알 수 없다. 사람은 보지 않고 제도만 남는다는 것이 이런 것인가? 무급으로도 운영되는 사례만 보고 배우면 속 빈 강정이 되고 만다. 어찌 보면 가장 좋은 사람이 가장 안 좋은 제도(무급 명예직 관장)의 사례가 되는 희한한 세상에 우리는 지금 살고 있는지도 모르겠다.

제주의 아이와 어른을 잇는 설문대어린이도서관

제주시 연동에 가면 삼무공원 아래 자리 잡은 설문대어린이도서관을 만날 수 있다. 허순영, 임기수 관장을 지나 지금은 강영미 3대 관장이 운영하고 있다. 1대 허순영 관장은 순천 기적의도서관 초대 관장으로 활동하다 지금은 제주로 돌아와 제주착한여행을 이끌며 제주와 책이 있는 공간으로 떠나는 여행을 기획하고 있다. 2대 임기수 관장은 서귀포에서 북타임이라는 책방을 열고 함께하는 책방 네트워크 활동을 하고 있다. 세 번째 대표를 맡고 있는 강영미 관장은 허순영 관장 시절부터 아이를 키우며 이용자로 설문대어린이도서관에 다녔으며, 자원 활동을 하며 인연을 맺어왔다. 밝은 성격에 아이들보다 노는 것을 좋아하는 기질 탓에 잠시도 가만히 있지 않고 문화기획자로서 활발히 자기 몸을 움직인다.

▲ 어르신 그림책을 읽어주고 있는 설문대어린이도서관 강영미 관장 ⓒ전혜선

봄이 오면 제주의 오름은 고사리 천지가 된다. 엄마가 오름의 이슬을 온몸으로 맞으며 고사리를 끊으러 다닐 때 따라다니면서 엄마의 말동무를 했다는 강영미 관장. 현 강영미 관장과 허순영, 임기수 전 관장은 모두 제주 토박이다. 제주나 서귀포 구석구석이 올레길로 유명해지기 전부터 아이들을 데리고 자전거로 제주를 돌기도 하고, 숨은 어장을 찾아 아이들과 종일 낚시를 다니기도 하며, 제주어를 살려 쓰는 활동을

열정적으로 해왔다. 강영미 관장은 매년 제주그림책연구회와 함께 한두 편의 제주어 그림책을 만들고 있다. 2018년에는 『이딘, 곶자왈』을 냈다. 강영미 관장은 자주 찾는 곶자왈에서 화산석 틈에 뿌리를 내린 나무들을 보며 척박한 곳에서 산다는 것의 의미를 되새긴다고 한다.

제주어로 그 느낌을 한마디로 표현한 말이 바로 "살앙시난 살안"("살아보면 살게 된다"는 제주어 표현이다)이다. 그 말을 입에 올리며 "그렇지, 그렇지"를 반복한다. 어떤 의미에 사로잡혀 잔뜩 무게를 잡고 시작한 작은도서관이 아니었다. 작은도서관 운영은 척박했다. 그러나 그곳에서 20년 동안 뿌리를 내린 커다란 나무가 되었다. 작은도서관은 지역마다 운영 방식에 차이를 보인다. 그곳이기 때문에 해야 하고 할 수밖에 없는 일이기 때문이다.

강영미 관장은 현재 제주 설문대어린이도서관의 역할을 제주의 아이와 어른을 잇는 줄과 같은 것으로 생각한다. 제주어를 할 수 있는 세대가 점점 줄어들고 있는 현실에서, 어르신들의 이야기를 담아내는 제주어르신그림책학교를 3년간 운영하고 있다. 2017년에는 아홉 분의 어르신 이야기를 세상에 내놓으면서 어르신들을 그림책 작가로 올려놓으셨다. 그해 12월 한라도서관에서 제주어르신그림책학교 발표 전시회를 열었다. 오랜 세월 어르신들이 겪어온 삶을 고스란히 전해 듣는 시간이었다.

마을 아이들과 함께 크는 서천 여우네도서관

2008년 11월 충남 서천 여우네도서관은 농촌 어린이들의 작은도서관 및 교육, 놀이 공간으로 탄생했다. 자발적인 독서 및 교육 프로그램을 운영하고, 아이들이 스스로 교육과 놀이, 책을 선택하는 게 목표다. 아이들이 책을 읽는 마을, 아이들이 모이는 마을이 되길 바라는 주민들이 만드는 지역 공동체 도서관을 지향한다. 서천 여우네도서관은 오곡이 익어가는 넓은 황금 들녘이 그대로 보이는 곳에 있다. 겨울이면 철새들이 찾아와 들판에 자리를 잡고 금강 하굿둑을 오간다. 도서관은 자연과 더불어 성장하는 아이들과 그곳에서 터를 잡고 일하는 농부들의 사랑방이다.

10년간 북스타트를 운영하며 서천에 태어난 아기들에게 책을 읽어주고, 부모들과 더불어 아기들이 살 만한 서천을 만들자고 손을 내밀었다. 2017년 11월에 그 뜻을 모아 서천군과 서천 관내 어린이집연합회, 드림스타트, 보건소, 다문화건강가정지원센터 등 사회단체와 시민이 모여 간담회를 추진

하였다. 작은도서관 혼자의 힘이 아닌 서천군 모든 시민의 힘으로, 자라나는 아이들을 안전하게 키우고자 하는 노력을 모으는 자리였다. 김경집 교수의 인문학 강의가 함께한 서천군 북스타트 간담회는 지역사회와 함께하는 도서관의 모습을 보여주기에 충분했다.

    전주와 제주 그리고 서천에서 작은도서관을 일구는 운영자들의 모습을 살펴보았다. 그들을 관장이라 부르기보다는

◁ 서천 북스타트 지역 간담회 ⓒ서천 여우네도서관

'작은도서관 활동가'라고 칭하고 싶다. 공공도서관의 전문 인력을 우리는 흔히 '사서'라고 한다. 그러나 작은도서관 운영자들은 '사서' 자격을 잣대로 이야기하면 비전문가다. 이러한 민간의 활동을 공립에서도 그대로 반영하는 경우가 많다. 그래서 '주민참여형', '주민주도형'이라는 표현을 쓰곤 한다. 민간 작은도서관 활동가들이 가지는 사명감, 그리고 설립 목적에서 드러나는 사회적 책임의식은 바로 '사람'을 중심에 놓고 생각하고 실천하는 것이다. 단순한 공간 지킴이 등의 인력과는 다른 차원의 문제임을 분명히 인식할 필요가 있다.

2017년 (사)어린이와 작은도서관협회가 민간 영역에서 진행한 작은도서관 정책 연구 중에 「작은도서관 10년 활동가가 말하는 활동의 성과와 향후 과제」[2]가 있다. 10년 이상 작은도서관을 운영한 활동가들을 찾아가 인터뷰를 통해 얻은 결론은 다음과 같다. 활동가들의 힘은 어린이 책문화 운동에 대한 요구, 새로운 도서관에 대한 요구, 지역사회에 기여하고자 하는 요구, 좋은 도서관의 모델로서 신규 작은도서관에 좋은 영향을 미치고자 하는 요구에서 생겨난다. 작은도서관을 세울 지역을 조사하고, 문화 소외 지역을 찾아가고, 성장하는 어린이들과 함께 책문화를 만들어가고자 했던 그들의 노력은 시민들이 도서관을 요구하는 문화를 만들기도 했다. 작은도서관 활동가들에게는 그런 사회적 영향을 미칠 수 있다는 것이 돈보다 소중한 가치였다.

작은도서관 운영자의 가치와 역할

사람들에겐 작은도서관 운영을 쉽게 생각하는 경향이 있다. 이는 공공도서관이라고 해도 다르지 않다. 도서관을 운영하는 사람들의 이미지는 정적이다. 그러나 실제 도서관 활동은 아주 역동적이다. 조용한 공간에서 책의 대출과 반납을 하고 책 정리를 하는 것이 도서관 운영자의 일이라 생각하는 사람이 많다. 도서관에 근무하기 때문에 늘 책을 많이 읽을 것이라 생각한다. 그러나 농담처럼, 책을 많이 읽기보다는 책표지를 많이 본다고 답을 하기도 한다. 씁쓸한 이야기일 수 있다. 작은도서관을 운영하면서 가장 자랑스러웠던 것은 읽은 책을 중심으로 장서를 구성하기에 어떤 정보를 찾으려면 어떤 책을 보면 되는지, 이러저러한 상황에서 어떤 책을 권해야 할지 알고 있다는 것이었다.

그러나 책은 많아지고, 원하는 정보는 누구나 인터넷으로 찾아볼 수 있다. 그래서인지 작은도서관 운영자 중에서도 책에 관한 정보를 잘 알고 있거나 책을 읽고 권하기를 즐기는 사람이 많지 않다. 열심히 도서관에 오는 사람들의 욕구에 맞추어 기획하고 진행하는 프로그램은 많은데, 책과 관련된 프로그램이나 독서동아리보다는 강사 위주로 프로그램을 진행하는 경우가 많아졌다. 이러한 프로그램을 진행하기 위해 공모사업에 참여하고, 이를 집행한 후 결산보고를 해야 하는 과정은 작은도서관의 운영자들을 행정가로 만들어버렸다.

책을 읽을 시간이나 책을 권하는 주요한 역할을 잃었다는 것은 이용자들을 더욱 깊게 만나지 못한다는 것을 뜻한다. 사람들은 필요해서 강좌를 듣지만, 강좌와 관련된 책들을 더욱 깊이 있게 읽고자 하지는 않는다. 기능적인 프로그램이 넘쳐나다 보니 강좌가 끝나면 곧바로 도서관을 벗어나고, 고요가 찾아온다. 도서관에 오래 머무는 사람들이 적어졌다는 것은 그만큼 작은도서관이 사람들을 만날 기회가 줄어드는 것을 의미한다. 이러한 현상을 의식하지 못한 채 몇 해를 지내고 나면, 작은도서관의 일상은 바빴으나 사람이 전혀 남지 않는다. 결국 운영자의 일은 늘어만 가고, 피로감만 쌓인다. 이런 상황에서 무엇을 위해 작은도서관을 운영하는가 하는 정체성의 혼란을 겪게 되고 만다.

지역에서 오래 뿌리를 내린 작은도서관에서 공통으로 찾아지는 것은 바로 책읽기와 책 읽는 동아리들이다. 연령, 관심사, 주제별로 다양한 모임을 지역사회로 확대하는 일을 자기 사명처럼 진행하는 사람들이 작은도서관의 운영자이고, 함께하는 사람들을 만나가는 일, 즉 '사람'과의 관계를 만드는 일을 천직으로 생각하는 사람들이 바로 작은도서관에 필요한 인력이다. 이는 교육으로 이루어지는 일이 아니다. 끊임없는 노력과 성찰을 통해 만들어지는 것이다. 작은도서관 운영자의 길이 쉽지 않은 이유가 이것인지도 모르겠다. 작은도서관 인력을 일자리만으로 보는 것에 불편함을 느끼는 이유는 단순 인력으로는 작은도서관에 필요한 다양한 역할을 할 수 없기 때문이다. 그래서 작은도서관의 운영자를 활동가라고 부르는 것이다.

작은도서관 운영자의 중심에는 '책'이 있어야 한다. 그만큼 책을 가까이해야 한다. 책을 중심에 놓고 사람들과의 만남을 생각하고, 사람들의 생각에 귀를 기울이고, 이용자들에게 책읽기의 즐거움을 전할 수 있어야 한다. 인생을 변화시킬 수 있고 위로를 받을 수 있으며, 지식을 얻을 수 있는 책과의 만남을, 그리고 책읽기의 즐거움을 느껴 볼 수 있도록 안내하는 독서운동가가 되어야 한다. 작은도서관 운영자가 공간 관리자에 머물러서는 안 되는 이유다.

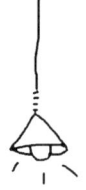

할 수 있는 일,
하고 싶은 일이 담긴
작은도서관

작은도서관 운영에 도움이 될까 싶어 읽은 책 두 권이 있다. 개브리얼 제빈의 『섬에 있는 서점』(엄일녀 옮김, 루페, 2017)과 펠리시티 매코이의 『세상 끝자락 도서관』(이순미 옮김, 서울문화사, 2017)이다. 『섬에 있는 서점』을 읽고 하나의 책으로 인연이 만들어지는 삶을 보았다. 종종 나이 들어 무엇을 할 것이냐는 질문을 받으면 섬에 들어가 도서관 사서가 되거나 북보트를 만들어 서해안의 섬들을 돌아다니고 싶다는 이야기를 하곤 했는데, 딱 그런 느낌을 주는 곳이 책 속에 그려졌다.

『세상 끝자락 도서관』은 좀처럼 읽히지 않아 속된 말로 낚였다고 생각한 책이다. 400쪽 분량의 두께도 부담스러웠고,

출퇴근길에 조금이라도 가볍게 읽으려 선택한 책임에도 잘 읽히지 않아 애를 먹었다. 하지만 도서관 사서인 주인공이 "전구를 교체하는 방법이 나온 책이 있나요?"라는 질문을 받는 대목에서 그만 멈칫하고 말았다. 이를 도서관에서는 정보서비스라고 한다. 도서관에 사서가 필요한 이유가 바로 이용자들에 대한 정보서비스 제공에 있기 때문이다.

『세상 끝자락 도서관』은 지역사회에서 도서관과 사서가 어떤 역할을 해야 하는지를 잘 표현하고 있다. 어느 한적한 마을, 사람들이 찾아오게 하기 위해 개발 위주의 정책 제안을 수용할 것인가, 아니면 마을의 특성을 살리고 주민들이 삶의 터전을 잃지 않고도 행복한 삶을 살아갈 수 있게 하는 방법을 수용할 것인가에 대한 공론의 장을 만드는 곳, 그곳이 바로 도서관이고, 그 중심에 사서가 있다.

작은도서관이기에 특화를 고민한다

사서와 이용자가 얼굴을 맞대는 공공도서관이 갈수록 줄어들고 있다. 자료가 개가식으로 바뀐 이후에는 이용자 스스로 서가를 돌아다니며 필요한 책을 찾는 일들이 많아졌다. '사서'의 중요성과 역할은 찾아보기 힘들게 되었다.

작은도서관은 1990년대 지역을 중심으로 주민의 자발적인 활동의 결과물로 만들어졌다. 1960년대 문해력과 계몽 중심의 책읽기가 문고의 시작이라면, 1970년대와 1980년대의 격변기 속에서 '책'은 사람들을 조직하고 생각의 변화를 촉구하는 수단이 되었다. 그러나 1990년대 이후 경제위기는 개별화된 사회를 만들었고, 이에 공동체성의 가치를 회복할 필요성이 더욱 주목받게 되었다. 그 일환으로 지역과 마을의 정신을 복원하는 일들이 중요하게 대두하였다. 그 중심에 작은도서관이 있었다. 그렇게 1990년대 말 전국적으로 생긴 작은도서관은 기존의 문고와는 차별화된 공간으로, 공간적·내용적으로 좀더 도서관답게 채우려는 노력을 기울여왔다.

2009년 도서관법이 개정되면서 작은도서관은 공공도서관의 범주 아래 "공중의 생활권역에서 지식정보 및 독서문화서비스의 제공을 주된 목적으로 하는 도서관으로, 제5조에 따른 공립 공공도서관의 시설 및 도서관 자료 기준에 미달하는 작은도서관"으로 정의되었다. 가끔 이 대목을 읽고 또 읽어본다. 공중의 생활권역, 지식정보, 독서문화서비스 제공, 기준 미달이라는 단어가 자꾸 현재를 돌아보게 한다. 생활권역이라는 말은 지역보다 가까운 마을이라는 말로, 지식정보는 '책'과 '정보'로, 독서문화서비스는 독서와 문화로, 때론 독립적으로 작은도서관이 만드는 문화로 정착해가고 있는 것이 아닌가 생각한다.

1990년대 말부터 성장해온 작은도서관은 이제 전국적으로 6000여 개를 넘어서고 있다. 민간 활동에만 의존한 작은도서관 조성은 이제 지자체가 핵심 사업으로 주도하고 있다. 더욱 분명해지는 것은 작은도서관이 공간의 문제가 아니었다는 것이다. 초기 작은도서관을 만들고, 지역 주민들과 함께 밭을 일군 작은도서관 활동가들에게 작은도서관은 그저 하나의 공간이 아니다. 그들은 작은도서관을 통해 사람과 사람을 이었고, 사람과 책과 정보를 이었으며, 함께 만드는 공동체를 위해 마을 안에서 강연과 축제와 놀이를 구성해 서로 역할을 나누고 성장하게끔 헌신한 사람들이다. 다른 사람들과 자신의 재능을 스스럼없이 나누고, 나누는 삶의 중요성과 그 행복의 가치를 공유하고자 노력한 사람들이다.

작은도서관은 현재 정체 상황일 수도 있다. 작은도서관 활동가가 꾸준히 재생산되고 있는지 돌아보아야 할 때이다. 작은도서관을 통해 많은 사람이 오고 갔다. 여전히 지역을 지키고 있는 작은도서관 운영자들에게, 늘 그랬던 것처럼 새길을 위한 한 걸음을 내딛게 하는 나침반이 필요한 시기일 것이다. 작은도서관은 너무 많은 요구를 담아냈다. 마을 사랑방,

공동육아 나눔터, 지역사회 공론장, 생활문화센터, 평생학습 기관……. 그러나 무엇을 가장 잘하는지, 그리고 무엇이 가장 필요한지는 지역의 작은도서관과 그 운영자가 가장 잘 알고 있다. 지금까지 해온 작은도서관의 역할 중에서 가장 잘하고 가장 재미나게 할 수 있으며, 그래서 가장 오래 할 수 있는 것이 무엇인지를 찾는 노력에서 생겨난 고민이 바로 특화된 작은도서관이다.

특화는 공간의 문제가 아니다. 특화를 위해서는 그것을 수행할 주체의 고민과 실천 의지가 있어야 한다. 그리고 축적된 경험과 이를 뒷받침할 사람들과 노하우가 필요하다. 이 고민을 시작한 작은도서관들을 소개하고자 한다. 6000여 개의 작은도서관이 모두 다른 운영 주체와 운영 방식을 가졌다. 이미 작은도서관은 특화이다. 그러나 이제 또 다른 길에 먼저 한 걸음을 내디딘 사람들의 사례가 필요하다.

책 · 사람 · 예술이 만나는 팔판작은도서관

김해 장유 팔판마을, 2009년 김해시 작은도서관 조성 사업과 함께 시작된 팔판작은도서관은 아파트 안에 있다. 초대 관장을 지낸 배주임 관장은 당시 아파트 입주자 대표였다. 새로

세워진 아파트를 중심으로 조성된 신도시에는 문화 시설이 부족할 수밖에 없었다. 주민과 아이들이 편안하게 갈 수 있는 공간으로 작은도서관이 최적이라 생각하여 관리동 1층에 작은도서관을 만들었다. 다행히 다른 지역의 작은도서관과 다르게 김해시에서는 작은도서관 운영에 필요한 인력과 도서 구입을 위한 운영비 일부를 지원하는 정책이 마련되어 있어 월 200만 원의 지원금을 받는다. 이러한 지원은 지금까지 꾸준히 이어지고 있다. 지원금으로 상근 인력을 한 명 채용할 수 있다. 주민들이 작은도서관에 들를 수 있도록, 그리고 마음을 내어 자원활동을 할 수 있도록 주민의 처지에서 도서관을 운영하며 주민의 사랑을 받는 공간이 만들어졌다.

그렇게 10년, 주민들의 자원활동은 도서관 살림뿐 아니라 벼룩시장, 가정의 달 행사, 벽화 그리기 등 다양하게 이루어졌다. 이러한 활동 속에 성장한 2대 신훈정 관장은 도서관 자원활동가였다. 동네에서 미술학원을 운영하지만, 미술이라는 것이 누구나 자연스럽게 표현할 수 있는 활동임에도 사람들이 쉽게 접하지 못하는 것이 늘 안타까웠기에 도서관 자원활동을 하면서 도서관 프로그램에 미술 활동을 결합하려는 노력을 끊임없이 해오고 있다. 작은도서관에서 어린이나 어른, 노인까지 자기가 읽은 책의 내용과 예술 활동을 결합하면 더욱 풍부한 상상력을 발견할 수 있고, 숨겨진 자신의 재능을 표현할 수 있을 것이다. 이런 신훈정 관장의 꿈은 2017년 작은도서관특화지원사업을 만나 꽃을 피울 수 있게 되었다.

작은도서관에 미술 특화 공간을 결합한다는 것은 누구도 생각해보지 않은 것이었기에 참고할 만한 사례도 없었다. 머릿속 생각을 어떻게 현실로 구현할 것인가? 특화지원사업 공모계획서를 쓸 때는 작은도서관의 공간 변화까지는 엄두도 내지 못했다. (사)어린이와 작은도서관협회가 추진한 작은도서관특화지원사업은 이를 구체화하기 위해 논의를 거듭했다. 그 결과 기존의 작은도서관 열람실 외에 아파트 내 강의 공간과 입주민 공동 공간까지 확장하여 작은도서관과 미술 공간을 하나로 통합해 운영할 수 있게 되었다.

새롭게 단장한 생활미술특화도서관 팔판작은도서관은 이제부터 하나하나가 새로운 실험이며 앞선 발걸음이 될 것이다. 새로이 개관식을 준비하며 도서관 이용자와 수없이 접은 색종이 꽃은 신훈정 관장이 주민과 함께 걸어나갈 길이 꽃길이길 희망하는 하나의 퍼포먼스가 되었다. 신훈정 관장은 "누구나 함께할 수 있는 소소한 미술 작업이 사람과 사람을 만나게 하고 소통하게 할 것"이라고 힘주어 말한다.

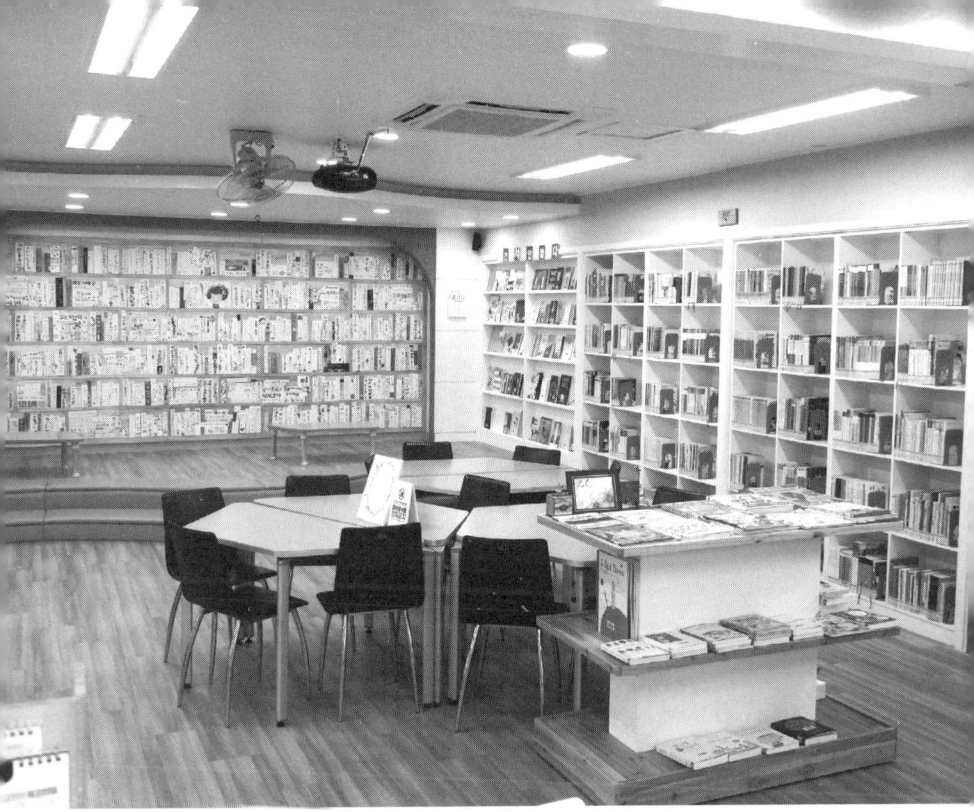

동네도서관이 세상을 바꾼다
길에서 어렴풋이 꿈을 꾸다
그림이 말을 거는 생각미술관
한국 현대미술 작가

책·사람·예술이 만나는
팔판작은도서관

Δ ©팔판작은도서관

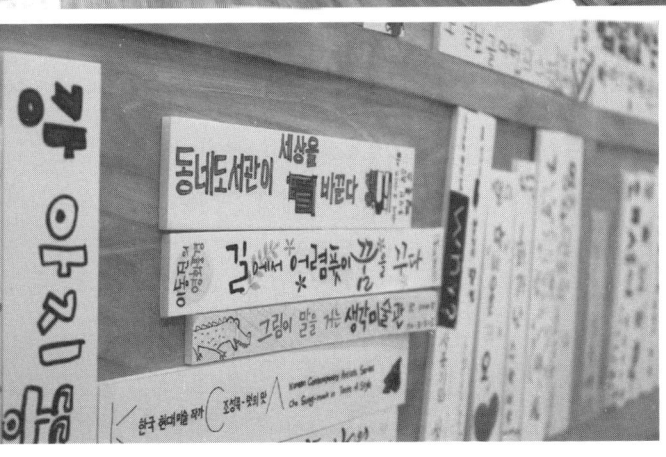

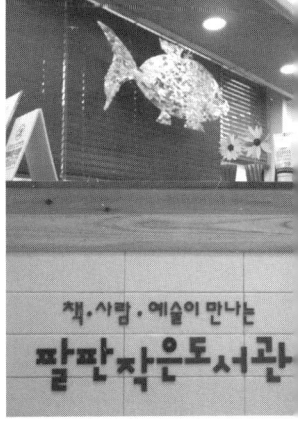

신나는 여성주의도서관 랄라

인천 부평구 삼산동에 자리 잡은 '신나는 여성주의도서관 랄라'에 가면 지역에서 오랫동안 여성운동을 해온 류지현 관장을 만날 수 있다. 20대 시절, 대학을 갓 졸업한 그녀는 부개동 진달래어린이도서관의 활동가였다. 아이들과 똑같은 모습으로 그림책을 읽고, 동네 엄마들과 머리를 맞대 무슨 재미있는 일이 없을까 고민했다. 연신 엉뚱하고 발랄한 모습으로 동네를 어슬렁거리며 사람 사귀기를 좋아했다. 아직 30대인 그녀는 인천 지역의 작은도서관에 대해서는 누구보다 잘 아는 터줏대감 같은 작은도서관 활동가이자 지역 일꾼이다. 지금은 결혼도 하고 자기를 닮은 예쁜 딸의 엄마라는 시간을 살아가고 있다.

젊은 청년이 동네일을 도맡아 하고, 지역 신문을 배달하며 사람들을 만나고, 후원을 받았다고 신나서 자랑하는 모습을 잊을 수가 없다. 학교 운동장에서 동네잔치를 만들어내고, 학교 앞 참새 방앗간 같은 진달래도서관에 오는 아이들에게 간식을 챙겨 먹이고, 책을 읽어주고, 글을 쓰게 하고, 지역 탐방을 다니며 그 일들을 그림책으로 묶어내던 모습을 여전히 생생히 기억하는 것은 나 또한 그녀와 함께 인천이라는 지역에서 작은도서관을 만들어갔기 때문이다. 진달래도서관이 있던 동네에 부평 기적의도서관과 부개도서관이 생겨 많은 고민 끝에 진달래도서관을 접기로 결정한 뒤에도 여전히 그녀는 작은도서관과 지역 그리고 그를 일구는 여성들의 삶을 절대 놓지 않았다.

2013년 그녀가 새롭게 시작한 도서관이 신나는도서관이다. 신나는도서관은 원래 2003년 신나는어린이도서관으로 출발했다. 그러나 도서관이 위치한 지역의 특성과 이용자층의 변화에 눈을 돌려 인천여성회 부평구지부 부설로 지금의 신나는도서관으로 재개관하게 된다. 달라진 것은 없었다. 아이를 가진 엄마들에게는 아이 문제도 문제지만 잃어버린 자신의 모습을 찾는 것이 큰 고민이다. 신나는도서관은 여성과 함께하는 삶, 사회로부터 동떨어진 자신이 아니라 스스로 일구는 여성의 삶을 위해 다양한 활동을 실천하고 있다.

신나는 여성주의도서관 랄라의 특화는 어찌 보면 류지현 관장의 삶이 고스란히 묻어나는 선택일 수 있다. 류지현 관장의 결정은 자신이 가장 잘할 수 있는 일을 중심으로 작은도서관의 일들을 풀어가는 결정이었다. 어린이도서관에서 만나는 누군가의 엄마가 아니라 어린이나 어른 모두 자기 삶의 주인으로 살아가고자 하는 것이 바로 여성주의의 본질일 것이다. 그렇다면 여성주의 도서관으로의 특화는 바로 이러한 일들에 더욱 집중하기 위한 노력의 결과로 만들어졌는지도 모른다.

신나는 여성주의도서관 랄라는 재개관을 통해 공간을 바꾸고, 서가의 책들도 특색에 맞춰 갖추며, 여성주의 자료와 정보를 찾는 이들과의 만남을 준비하고 있다. 주 1회 여성주의 책모임, 여성주의 글쓰기, 여성주의 활동가나 작가와의 만남으로 만들어지는 기획 강좌와 여성주의 캠프, 여성영화 상영, 여성 심리상담과 성평등 교육 등을 진행할 것이다. 준비된 사람이 있었기에 새로운 변신이 가능한 사례라 보인다.

한국의 작은도서관은 끊임없이 움직여왔다. 그동안 작은도서관은 어린이에게 편안하게 책을 읽을 수 있는 공간을 제공하고, 좋은 책을 선별하여 읽게 했으며, 주민들과 마주 앉아 이야기를 나누고, 그들이 필요로 하는 정보를 찾아 함께 학습하고 활동할 수 있는 장을 만들어주었다. 도서관이 좀더 시민들에게 친근한 곳이 되고, 그들의 이야기를 스스로 하게 하고, 지역의 문제를 함께 해결해나가려면 여성문제, 환경문제, 사회와 정치적인 문제들에도 관심을 기울여야 한다. 이러한 작은도서관의 활동은 사람으로 남을 것이고, 우리는 그들을 작은도서관 활동가라고 부른다.

도서관에는 사서가 있다. 그러나 작은도서관에는 실천하

▶ ⓒ신나는 여성주의도서관 랄라

는 활동가가 있다. 그들은 찾아오는 사람들이 무엇을 필요로 하는지 귀 기울일 줄 안다. 이것이 작은도서관이 이룬 가장 중요한 성과이며 지켜야 할 가치이다. 공공도서관 영역에서 보면 작은도서관 전체가 또 하나의 특화도서관이다.

긴 호흡,
그리고
또 한걸음

누구는 그것을 '마중물'이라 했고, 누구는 '첫 눈뭉치'라 했다. 시작의 단단함을 만들어가는 과정이 바로 '마중물'이고 '첫 눈뭉치'다. 모래 위에 성을 쌓으면 순식간에 파도에 쓸려 내려가고 만다. 수십 번 반복해야 하는 바닷가의 모래성 쌓기와 다르게 마중물이나 첫 눈뭉치는 더 유의미한 것들을 만들어내는 첫 과정을 의미한다. 구정물이어도 그 한 바가지의 물에 깊숙이 있던 물이 길어 올려지는 것이고, 끊이지 않는 물을 만나게 한다. 첫 눈뭉치는 커다란 눈덩이가 되어 눈사람을 만든다. 첫 눈뭉치가 제대로 뭉쳐지지 않으면 그다음은 계속 흩어지고 부서지고 말 것이다.

시얄리 라맘리타 랑가나단Shiyali Ramamrita Ranganathan이 이야기한 도서관 5법칙 중에 '도서관은 성장하는 유기체The library is a grawing organism'라는 말이 있다. 한국의 공공도서관도 많은 변화와 발전을 거듭하고 있다. 늘 그 변화의 시작처럼 도서관의 마중물과 첫 눈뭉치가 무엇이 되어야 하는지를, 흔들리는 나침반이 가리키는 방향이 어디인지를 분명히 할 필요가 있다. 이 시점에서 작은도서관의 마중물과 첫 눈뭉치가 된 사람들, 바로 작은도서관 운영자를 생각해본다.

마을 활동가를 키우는 책읽는엄마책읽는아이 작은도서관

마을 사람들을 성장시키는 곳이 바로 작은도서관이다. 사람들은 왜 작은도서관을 찾게 되는 것일까? 마을에서 가장 가까워서, 즉 접근성 때문에 찾는 경우도 있다. 공공도서관이 공부하는 분위기에 집중하면서 가장 들고 나기 편한 곳에 있는 작은도서관에 사람들의 발길이 쌓이게 되었다. 도로에서 바로 진입할 수 있다거나 주택가 한가운데 위치한다거나 하는 식이다. 이 또한 놀라운 변화다. 그만큼 도서관이 시민들과 가까워졌다는 뜻이다. 이러한 변화를 만든 것이 바로 지역의 작은도서관이다. 동네 한편 사람들이 오고 가는 그곳에 '

작은도서관'이라는 이름을 달고 책을 담는 공간을 만들었다. 알음알음 아이들이 찾아오고 누구랄 것 없이 엄마들이 아이들에게 책을 읽어준다.

이런저런 고민을 이야기하다 보면, 『82년생 김지영』(조남주 지음, 민음사, 2016)의 주인공처럼 잠시 휴직기에 있는 경력단절 여성의 문제가 나오기도 하고, 사교육에만 의존하는 현재의 교육 시스템이나 세금 문제가 나오기도 한다. 또 가족이 함께할 수 있는 생활문화 예술 활동에 대한 욕구를 충족시키지 못한다는 불만으로 이어지기도 한다. 이런 문제들을 자연스럽게 이야기하는 동네 주민들이 생겨나니 자연스럽게 강좌가 만들어진다. 때론 작가를 불러와 이야기를 듣고 공감하며 그 내용을 더 깊이 의논하는 소모임들이 생긴다. 그리고 실천 방안들을 찾아나선다. 이러한 도서관의 일상에 누구나 참여할 수 있다 보니 작은도서관은 내가 모르는, 혹은 내가 숨겨왔던 '나'를 발견하는 공간이 된다. 자신감도 생기고 의욕도 생기니 무엇보다 삶의 희망이 무엇인지 알게 된다. 이러한 활동이 일상이 된 곳이 바로 작은도서관이다.

'책읽는엄마책읽는아이 작은도서관'은 비영리단체인 책읽는엄마책읽는아이(이하 '책엄책아')가 운영 주체로 참여하고 있다. 책엄책아는 마을활동가 양성 과정을 꾸준히 진행하고 있다. 마을의 성장을 돕는 활동가를 단련시키는 평생학습의 장이 된 사례라 할 수 있다. 1년 과정을 통해 만들어지는 마을활동가들은 환경, 교육, 장애아동과 함께하는 활동 등을 통해 마음을 담아내는 실천가로 성장한다. 마을활동가 양성과정은 강좌에만 머물지 않는다. 다양한 시민단체를 방문해 활동가들을 인터뷰하고 그곳의 활동 내용과 조직 운영 방식을 접하는 실질적인 과정으로 마련되어 있다. 그 사례로 2017년에는 '우리, 마을문화기획자에 도전한다'라는 주제 아래 5월부터 10월까지 총 20강의 강좌가 진행되었다. 공공예술, 문화와 사회 그리고 마을의 개념 익히기부터 로컬푸드, 청소년에서 노인까지 세대 연결하기 등 이론 수업 이외에도 마을 휴먼라이브러리, 마을사람 그림책, 마을책방 등의 견학을 했고, 마을문화를 직접 기획하고 실습하는 과정까지 깊이 있게 담아냈다. 이러한 강좌가 몇 해를 이어 계속 진행되는 동안 사람들이 성장하고 지역의 활동가가 되었다. 작은도서관이 지역사회에 필요한 일꾼을 직접 일구어낸 것이다. 지역사회를 건강하게 만들어가는 역할을 작은도서관이 담당하는 하나의 좋은 사례라 할 수 있다.

▲ 책읽는엄마책읽는아이 작은도서관의 책읽는 동아리 ⓒ책엄책아

문화를 기획하는 책놀이터 호수공원작은도서관

고양시 원당동에 위치한 '책놀이터'는 2005년 자리를 잡았다. 아무런 문화 시설이 없는 동네, 골목을 놀이터 삼아 노는 아이들 그리고 그들과 함께하면 좋겠다 생각한 박미숙 관장이 이곳을 새로운 책문화놀이터로 꾸미는 활동을 꾸준히 진행하고 있다. 책놀이터의 모든 활동은 자발성에 기초한다. 어린이들이 시를 쓴다. 노래를 만들고 부르는 시끌이들도 스스로 오디션을 보고 단원을 모집한다. 그들의 똑 부러지는 노래를 들어본 사람들은 스스로 좋아서 하는 일이 얼마나 행복한 마음을 전달하는지 알게 된다. 청소년들도 자발적인 여행 모임을 만들어 강릉이나 제주 등 가고 싶은 곳을 정하고 여행지를 선정한다. 교통편과 먹을 것, 숙소, 예산, 역할 분담도 모두 스스로 책임지며 진행해본다.

이 활동을 지켜주는 관장은 그들의 성인 보호자로 곁에 있어 주기만 하면 된다. 엄마들도 도서관에서 자원활동을 한다. 책놀이터의 까망이들로 불리는 자원활동가들은 가까운 공원에 '바깥도서관'을 만들어놓고, 놀이터에 온 아이와 부모 그리고 어르신들께 그림책을 읽어드린다. 좋아했던 그림책을 함께 나누자고 시작한 일이다. 나만 알고 좋아하는 것이 아니라, 더 많은 사람과 함께 좋은 이야기와 좋은 그림을 나누고

자 했던 것이 바깥도서관의 시작이다. 원당은 고양시에서도 외곽에 속한다. 부모들은 살기에 바쁘다. 그러나 형편이 좋아지지는 않는다. 무엇인가 웃을 수 있고 즐거움을 느낄 수 있는 일, 그리고 일상에서 이런 활동을 함께할 수 있는 공간을 찾아보자는 것이 책문화기획자이자 도서관 운영자인 박미숙 관장의 일관된 생각이었을 것이다.

2017년에는 성인 대상으로 '수작부리다' 라는 제목의 생활문화기획 강좌를 만들어 재활용품을 이용해 악기를 만들고, 작은 북콘서트를 진행했다. 책 속 캐릭터 인형을 만들어 인근 공공도서관에 전시하기도 하고, 책꽂이가 없는 어린 친구들과 함께 목재로 서가를 만들어 나누는 활동도 진행했다. 강좌에도 재미난 발상이 묻어나온다. 하고 싶게 한다. 그리고 모든 과정에 '책'을 중심에 둔다는 것을 잊지 않는다. 작은도서관이 책문화 공간으로 일상 속에서 어떻게 사람들과 함께 만들어지는지를 보여주는 좋은 모델이 되고 있다.

책놀이터는 민간에서 운영하는 작은도서관이다. 이런 경험을 살려 박미숙 관장이 대표로 있는 '책과도서관'은 호수공원에 있는 '공립 호수공원작은도서관'을 위탁 운영하고 있다. 위탁 이후 호수공원작은도서관의 모습은 많이 변하였다. 공원을 찾는 사람들이 잠시 책을 볼 수 있는 쉼터 같은 역할

△ ⓒ호수공원작은도서관

에 만족하지 않고 좀더 적극적인 활동을 실천하고 있다. 그중 '밥먹는 인문학'은 단연 돋보이는 강좌 기획이다. 함께 밥을 먹는다는 것은 함께 마음을 연다는 것이다. 작은 일이지만 큰 가치가 있는 일이다. 좋은 작가의 강의가 있다고 해도 일방적으로 듣고 흩어지는 것이 아니라 함께 밥을 먹으며 소감을 나누고, 강사뿐 아니라 같이 온 사람들과 질문을 나누자는 취지에서 마련되었다.

밥먹는 인문학에 참여하려면 반찬 한 가지를 작은 그릇에 담아오면 된다.『돌멩이국』(존 J. 무스 지음, 이현주 옮김, 달리, 2019)처럼 모임 사람들과 커다란 그릇에 하나둘 가져온 밥과 반찬을 담아 고추장에 비벼 먹고, 혹시 안 가져온 사람들도 숟가락 하나 들고 나누면 그날의 인문학 강좌는 대성공이다. 누구는 일을 만들고 누구는 그걸 누리기만 하는 형식에서 벗어나기 위해 고민을 하니 이런 강좌가 나올 수 있었다. 책과 도서관은 민간의 경험과 고민과 실천에서 얻은 소중한 경험이 공공의 영역으로 확장되는 좋은 사례를 만들고자 공립 작은도서관을 위탁하고 있다. 지역에서 좀더 확산하기 위해 이러한 경험을 나누고 활동하는 작은도서관 인력이 더 많이 나오기를 바란다.

마을과 함께 성장하는 어린이와 어른, 은행나무어린이도서관

서울시 금천구에 있는 '은행나무어린이도서관'은 민간 작은도서관으로 2002년에 문을 열었다. 800년 넘는 세월 동안 마을을 지켜주는 은행나무처럼, 지역 어린이들에게 든든한 나무가 되고자 하는 마음이 담긴 도서관 이름이다. 은행나무어린이도서관의 운영 주체는 금천책읽는어른모임 '함박웃음' 사람들이다. 은행나무어린이도서관은 독지가의 도움을 얻어 세 번의 이사만에 안정적인 공간을 무상으로 임대하였다. 낡은 2층집이었지만 동네 골목 안에 다른 집들과 나란히 어깨동무하고 있다. 2017년 특화지원사업으로 다소 위험한 계단을 수리하고, 다락방 공간을 조금 넓혀 어린이들이 쾌적하게 책을 볼 수 있도록 개조하였다.

물이 샜던 지붕도 고치고, 도서관 들어오는 골목에 벽화도 그리니 새로 시작하는 도서관처럼 자원활동가도, 이용자들도 모두 들뜬 모습이었다. 공사를 마무리한 9월 도서관 골목에 형형색색 매트리스가 깔리고 주민센터에서 빌려온 천막으로 늦더위를 가리며, 이웃집 대문을 무대 삼아 재단장 기념식을 열었다. 동네 사람들이 다 모인 듯 좁은 골목이 금방 사람들로 가득했다. 이것이 진정 각박하다는 서울의 모습인가 싶게 사람들은 자원활동가들이 꾸미는 연극에 함께 웃어주고, 율동에

▲ 은행나무어린이도서관 재단장 개관식 ⓒ《금천인신문》

큰 박수로 화답하며 도서관의 출발을 축하해주었다.

기념식이 끝날 무렵 자원활동가들이 부쳐주는 부침개를 나누어 먹는 모습도 너무 자연스러웠다. 더위를 식혀주는 오래된 은행나무의 그늘처럼, 사람들은 은행나무어린이도서관을 그렇게 이용하고 있었다. 함께 밥을 나누어 먹을 수 있는 곳, 지역의 아이들을 함께 키우는 돌봄이 이루어지는 곳, 스스로 읽고 배움을 실천하는 곳, 지역 사람들의 일상을 기록하고 담는 그릇 같은 곳. 바로 이곳이 작은도서관임을 확인할 수 있게 해주는 좋은 사례이다.

작은도서관의 역할은 규정되는 것이 아니다

작은도서관은 실험적인 공간이다. 이렇다 할 운영 규정과 매뉴얼을 갖추고 시작한 공간이라기보다는 지역의 특성과 그곳에 모여드는 사람들을 중심으로 모습을 갖추어 가는 곳이라고 보아야 할 것이다. 작은도서관은 기본적인 설치 기준만을 법으로 규정하고 있다. 최소한의 기준은 시작을 의미한다. 공간 33제곱미터, 장서 1000권, 그리고 열람석 여섯 석이 그 시작의 기준이다. 작은도서관은 공간의 의미보다는 '사람'의 중요성을 더욱 강조해서 발전해왔다.

동네도서관은 동네 사랑방으로, 책 읽는 공간으로, 책문화 기획 활동을 하는 공간으로 남기 위해 사람들을 모이게 하고, 무엇인가를 계획하고 집행하고 평가하는 과정을 거치며 살아왔다. 작은도서관 운영에 참여한 경험은 곧 주민 자치의 경험이 되었다. 주민들은 삶의 질을 향상하기 위한 다양한 노력과 지역 네트워크를 갖추는 것 또한 경험함으로써 주인 의식을 갖는 시민으로 자연스럽게 성장하고 있다. 민간 영역에서 스스로 일군 작은도서관의 경험이 향후 마을사업으로 확대되고, 그럼으로써 마을 활동가가 만들어지고 있다. 이것이 현재 6000개가 넘는 작은도서관이 생겨나고 있는 이유가 될 것이다. 따라서 작은도서관의 역할을 하나로 규정하기는 어렵다.

여기서 소개한 세 곳의 작은도서관은 지역에 뿌리를 내리고자 노력하는 작은도서관의 좋은 모델이다. 민간에서 10년 넘게 작은도서관을 유지한다는 것은 무척이나 힘든 일이다. 무엇이 그들을 버티게 했을까? 거기에는 바로 '사람'의 성장이 있다. 이들이 작은도서관을 통해 삶의 중요한 가치를 확인하며 행복을 경험했기 때문이다. 그러나 사람의 성장이 쉽게 만들어지는 것이 아님을 알기에 공간만을 가지고 접근하려는 태도는 심각하게 제고해야 한다.

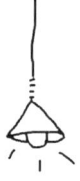

더불어 성장하는
독서
생태계

'작은도서관의 대한 역사와 이해'라는 제목을 달고 전국 작은도서관을 돌아다니며 강의를 한 적이 있다. '작은도서관을 회원 기관으로 하는 협회의 대표'라는 자리에 맡겨진 무게감을 안고 길을 나선다. 마을문고 운동을 시작으로 공공도서관의 길을 연 엄대섭 선생의 이야기부터 노동도서원, 주민도서실, 양서협동조합에 이르는 초창기를 거쳐 1992년 지방자치시대가 열리고 1995년 본격적으로 주민 투표로 지방자치단체장까지 뽑는 시대가 되면서 지역의 중요성이 더욱 부각되었다고 이야기한다. 주민의 요구로 문화시설과 시민교육 시설이 만들어지는 역사를 전한다. 빠지지 않는 것은 1987년

6월 민주화운동 이후 우리 사회의 변화에 대한 이야기다. 대통령직선제, 노동조합 결성 확대, 경실련의 탄생을 비롯해 국민주권을 스스로 일구어내려는 시민들의 바람은 급물살을 탄 것처럼 성장해왔다. 그 어느 때보다 언론과 출판이 성장한 시기이기에 시민들은 진실과 접할 수 있었다.

굳이 현재의 조그마한 작은도서관 하나 잘 운영해보겠다고 실무적인 교육 내용을 기대한 수강생들에게는 이런 걸 알아서 무엇할 것인가라는 생각이 들 수도 있다. 하지만 시대 속에서 지역에 뿌리를 내리고 작은도서관을 일군 초기 활동가들이 무엇을 생각하며 작은도서관이라는 공간을 만들고, 사람들과 함께 책을 읽고, 어린이에게 책을 읽어주고, 좋은 책을 전해주고자 노력해왔는지를 이야기하는 과정은 작은도서관이 단지 공공도서관의 축소판이 아니라는 것을 알리는 일이었다. 그리고 한국 사회에서 새롭게 형성된 작은도서관의 의미와 역할을 이해하고, 이를 현재에 어떻게 발전시켜야 할 것인지를 함께 고민해보고자 하는 생각에서 하는 이야기이기도 하다.

노동도서원, 주민도서실, 문고 등의 역사 위에 세워진 작은도서관은 때론 힘든 하루를 마친 노동자들이 모여 근로기준법을 하나씩 짚으며 읽고, 자신의 권리를 알아갔던 공간이다. 철거를 앞둔 주민들과 함께하며 그 아이들이 안전하지 않은 골목에서 시간을 보내며 밤늦도록 부모를 기다릴 때, 함께 밥을 먹고 책을 읽어주었던 공간이다. 그리고 한 번도 자신의 이름을 자기 손으로 써보지 못한 어르신들에게 한글을 가르쳐주어 연필 꾹꾹 눌러가며 자신의 이름을 쓰고 자녀에게 못다 한 이야기를 전할 수 있게 한 공간이기도 하다. 1998년 IMF 사태 이후에 급격한 경제적 어려움을 겪는 한국 사회에서 풀뿌리 주민 공간으로 작은도서관이 지역마다 들풀처럼 번지고 확대된 것도 우연이라 할 수 없을 것이다.

이제 광장의 촛불은, 그리고 촛불을 들고 일어났던 시민은 역사에 어떤 모습으로 기억되고 무엇을 성장시킬까? 한 발 한 발 가는 그 길이 새로운 역사를 써 내려가고 있는 것이라 감히 이야기하고 싶다. '우리가 걸어가면 길이 됩니다'라고 했던 파울로 프레이리Paulo Freire의 말이 새삼 마음속에 남는다.

어린이가 청년이 되어 만나는 인천 늘푸른어린이도서관

인천시 연수구에 자리한 늘푸른어린이도서관(관장 박소희)은 2018년 독특한 프로그램을 진행했다. "지역 청년자원과 함께 하는 메이커스페이스 작은도서관, 꿈꾸다"라는 제목의 청소년 대상 프로그램이다. 동네 언니, 오빠인 청년들과 만나는 시간이다. 청년으로 각자의 분야에서 열심히 활동하는 언니, 오빠들의 다양한 경험을 듣고 배우는 휴먼라이브러리에 청소년을 초대한다는 내용의 홍보물 아래에는 과학, 책, 예술 분야에서 활동하는 청년들이 들려줄 이야기가 담겨 있다.

3D 프린터로 해저화산의 모형을 직접 구현해 해저 탐사 활동을 들려준 첫 강좌를 시작으로 건축과 과학동아리, 남미여행을 책으로 낸 청년 작가, 청년의 시선에서 만화를 그리고 아르바이트 현장을 독립영화로 그려낸 젊은 감독, 가수이자 실용음악대학에서 학생들을 가르치는 청년 교수, 뮤지컬 무대에서 멋진 이야기를 꾸며가는 배우가 들려주는 이야기들을 담아 3월부터 10월까지 매달 한 번씩 만남을 이어갔다.

특이한 것은 깅사의 내부분이 늘푸른어린이도서관에서 어린 시절을 보냈다는 것이고, 여전히 연수구라는 지역에 살거나 한 번쯤 늘푸른어린이도서관 어린이들과 인연이 있다는 것이다. 늘푸른어린이도서관은 1998년에 문을 열었다. 20년이 넘은 도서관이니 처음 부모와 함께 이곳을 찾던 어린이들이 이제 성인이 된 것이다. 이들이 어떻게 이곳을 기억하는지, 그리고 그들은 어떤 모습으로 지금을 살고 있는지 함께 만나보고 싶다는 것이 이번 기획의 취지였다. 늘푸른어린이도서관에서 자란 친구들은 '인연팸'이라는 자체 모임을 만들어 만남을 유지하고 있어 이번 프로그램에 연결될 수 있었다. 여전히 자신의 삶을 개척하고 있는 청년들이기에 전문가라 할 수 없지만, 자신의 분야에서 열심히 성장하고 있기에 청소년에게 더욱 실제적인 이야기를 들려줄 수 있을 것이었다.

그뿐 아니라 지역 어린이들과 함께했던 늘푸른어린이도서관의 역사가 그들을 통해 비칠 수도 있다. 책을 많이 읽었고, 그것을 바탕으로 지금의 모습이 되었다는 이야기를 시나리오처럼 만들려고 하는 것이 아니다. 청년들이 가장 오래 기억하는 것은 그곳에서 함께 놀았다는 것이다. '굴렁쇠'라는 기행단을 꾸려 탐험을 떠났고, 엄마들이 꾸미는 연극을 보았고, 읽어주는 책들을 열심히 들었으며, 모임 하는 엄마들의 옆에서 친구들과 재미있게 놀았던 경험이 그들의 추억에 쌓여 있다. 나이를 불문하고 동네 친구로 어우러질 수 있게 만들어준 곳이 바로 늘푸른어린이도서관이었다.

늘푸른어린이도서관이 만들어지던 시기는 이원수, 권정생을 잇는 아동문학 작가가 성장하고 그림책이라는 새로운 분야가 열린 시대였다. 이를 뒷받침하는 어린이책 출판사도 많이 탄생하고 전국에 어린이책 전문서점이 생기기도 했다. 도서관이 생겨날 수 있는 객관적 환경인 작가와 출판사와 서점이 함께 성장할 때였다. 무엇이 먼저랄 것 없이 서로의 작용이 하나의 흐름을 만들었다. 독자가 있고 작가가 생기고 출판이 되고, 좋은 책을 파는 동네서점이 있었다. 그랬기에 작은도서관이 동네에서 책 읽는 즐거움을 누리고, 지역공동체에서 더불어 사는 즐거움을 만끽할 수 있었다. 드라마〈응답하라 1988〉에 나온 골목 친구들처럼 늘푸른어린이도서관에서 함께 자란 친구들이 이제 사회인이 되어 여전히 늘푸른어린이도서관을 벗 삼아 자라고 있는 어린이와 청소년에게 자신의 성장기를 들려준 것이 바로 '작은도서관 꿈꾸다'였던 것이다.

건강한 노년을 위한 인천 춤추는달팽이도시관

봄이 오는 길목, 인사동에 있는 인사아트센터 지하 갤러리에서는 그림책미술관시민모임[3)]이 주관하고 송정마을영농조합법인이 주최한 '그림책 부여 양화면 송정리 131' 전시회가 열렸다. 충남 부여시 송정리는 이제 '송정 그림책 마을'이라는 이름으로 더 유명해지고 있다. 3년이라는 시간 동안 부여의 농촌 마을은 그림책 마을로 변했다. 그곳에 가면 어르신들의 그림책이 있는 '송정 그림책 마을 찻집'[4)]이 사람들을 반긴다. 특히 송정마을 안에는 마을 사람들에게 글을 읽고 쓸 수 있게 알려주었던 야학당이 남아 있고, 그 안에 있는 마을 문고의 흔적도 볼 수 있다.

이번 기획 전시에서는 그림책 마을 조성까지의 3년 역사를 담은 그림책 세 권을 작가 이영경(『시끌벅적 야학당 동무들』), 김병하(『우리 마을이 좋아』), 김선배(『한입만』)가 완성하였다. 또한 그림책미술관시민모임은 송정마을 이야기를 『하냥 살응게 이냥 좋아』(한울림, 2018)로 엮어냈다. 마을 사람들의 삶의 기록이 고스란히 담긴 기록물이다. 이것은 마을 어르신들과 마을을 새롭게 만들고자 한 그림책미술관시민모임 사람들이 펼친 3년 노동의 기록이다. 자신의 이야기가 담긴 그림책을 낭독하는 어르신들의 모습과 그 이야기를 새롭게 담아낸 세 명의 작가가 만들어낸 그림책은 감동이었다. 이 감격의 순간을 한마디로 표현한 말이 바로 "하냥 살응게 이냥 좋아"일 것이다. 더불어 사니 그냥 좋다는 뜻을 담은 부여 어르신들의 사투리다.

대한민국은 이미 노령화 사회에 진입하였다. 65세 이상 노인 인구의 비율이 전체 인구의 7퍼센트를 차지하는 사회를 노령화 사회라고 하는데, 우리는 60세 이상 노령자가 2005년 12.1퍼센트였고, 2021년이면 인구 5명 중 1명이 노령 인구에

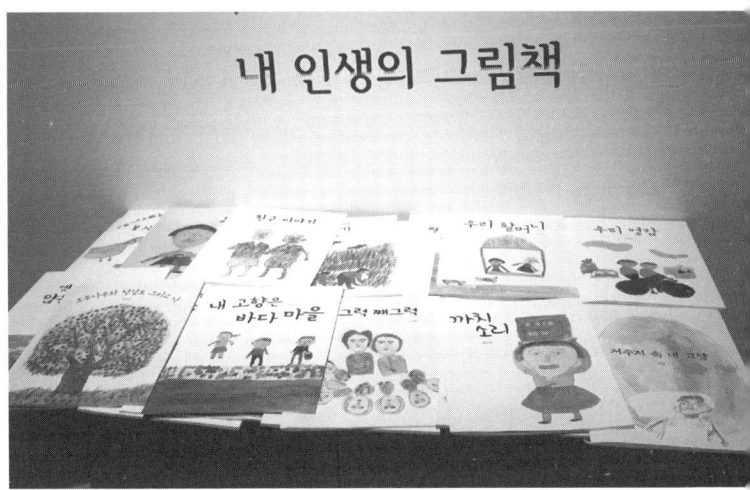

▲ '그림책 부여 양화면 송정리 131' 전시

1부 · 작은도서관의 꿈　91

속한다고 한다. 노령 인구의 증가는 우리에게 새로운 대비책의 마련을 요구한다. 평생학습과 같이 제2, 제3의 인생을 출발할 수 있는 기반을 조성하여야 하며, 복지 시설의 확충 및 노후 안정화 자금을 확보할 수 있는 정책들이 마련되어야 할 것이다. 자녀 양육의 부담과 실업, 가정 경제의 어려움 등으로 출생률이 줄어 인구 균형이 맞지 않는 것은 이미 오래된 문제다. 청년 실업을 견디고 나니 바로 늙어버렸다는 말이 남의 이야기가 아니게 되었다. 그렇다면 함께 노후를 준비하자고 제안해야 하지 않을까?

인천시 부평구에는 어르신들의 작은도서관을 꿈꾸며 새롭게 문을 연 '춤추는달팽이'가 있다. 어르신들의 느린 걸음걸이를 '달팽이'로 표현했다면, 삶은 더 역동적으로 만들어야 하지 않겠냐는 의지를 담아 '춤추는'이라고 수식했다. 현재 (사)나눔과함께 부설로 운영되고 있다. 작은도서관 춤추는달팽이는 건강한 노년을 준비하는 예비 노년 모임을 구성하고, 책과 생활문화예술을 통해 어르신들의 정서를 지원하며, 건강한 노인문화를 만들어가려고 한다.

여기에서 '예비 노년'이라는 말에 주목하고 싶다. 노년은 어느 날 갑자기 당혹스럽게 찾아오지 않는다. 어떤 노년을 맞이할 것인지를 함께 대비해야 한다. 2018년에 준비한 예비 노년 프로그램 '미리미리 준비하는 슬기로운 노년생활'의 구성을 살펴보자. 입문 과정은 노년의 탄생과 인생설계 관련 인문 강좌, 건강, 일, 재무 설계, 공동체 주거, 책을 통한 성찰, 함께 만들어가는 공동체 의식과 관련된 내용을 담고 있다. 50대 이상 예비 노년, 노년 준비에 관심 있는 지역 주민, 50대 이후의 삶에 관심 있는 지역 활동가를 대상으로 하고 있다.

작은도서관은 어린이를 대상으로 하는 경우가 많다. 이용자 대부분이 어린이이거나 부모인 경우가 많아 주요 장서 구성이나 프로그램에서 어린이에 치우치는 경향이 많다. 작은도서관 춤추는달팽이의 시도는 새롭다. 그러나 현재 우리 사회에서 반드시 준비되어야 할 일들이다. 어르신들의 고민을 담는 공간이라는 새로운 시도를 실험하기에는 작은도서관이 가장 적합할 것이다. 이러한 실험이 성공적으로 마무리된다면, 공공도서관에서도 어르신들을 위한 다양한 장서를 갖추고 프로그램을 개발하며, 노인이 이용할 수 있는 도서관 시설에 대한 고민도 하게 될 것이다.

노동자를 위한 인문학도서관 '사람'

　2018년 2월 28일 노동시간 단축을 담은 근로기준법 개정안이 국회를 통과하였다. 우리나라는 'OECD 국가 중 최장 시간 노동을 하는 나라'라는 불명예를 안고 있다. 그해 7월부터 적용된 근로기준법의 주 내용을 살펴보면 주당 법정 근로시간이 68시간에서 52시간으로 단축되고, 30인 미만 사업장의 특별연장근로시간 허용, 법정공휴일의 유급휴일화, 휴일근로에 대한 통상임금의 150퍼센트 지급, 근로시간 특례업종의 축소다. 특히 주당 법정 근로시간 단축은 300인 이상 사업장이나 공공기관에서는 2018년 7월 1일부터 시행되고, 5인 이상·49인 이하 사업장은 2021년 7월 1일부터 시행된다. 근로기준법 개정안이 완전한 형태로 구현되기 위해서는 아직 해결해야 할 문제들이 많지만, 근로시간 단축이 우리 사회에 어떤 영향을 미칠 것인지 생각해보면 감개무량하다. 특히 심각하게 제기되고 있는 일자리 창출과 저녁이 있는 삶이 보장될 수 있는 근거가 되었다는 것에 주목해야 할 것이다.

　정부는 삶의 질 향상을 위해 매월 마지막 수요일을 '문화가 있는 날'로 지정하여 공연, 영화 관람 및 박물관과 미술관 등을 불편 없이 이용할 수 있게 하며, 도서관에서도 다양한 문화 행사를 마련하도록 지원하고 있다. 100여 곳의 작은도서관도 이날에 맞춰 '작은도서관 문화가 있는 날'을 진행하고 있다. '저녁'이란 노동의 재생산을 위한 휴식의 시간이자 재충전의 시간이다. 이 시간을 통해 새로운 상상력을 키우고, 자신의 능력을 함양할 수 있을 뿐 아니라 가족 모두 한자리에 모여 소통할 수 있다. 근로기준법의 개정으로 사회적 여건을 마련하는 전기가 마련된 만큼 국민 모두 이를 제대로 누릴 수 있는 제반 사회 조건에 대한 검토가 필요한 시점이다. 국민독서실태조사 결과 일과 학습 등의 이유로 책을 읽을 시간이 없다고 호소한 많은 국민에게 책 한 권을 여유 있게 읽을 시간을 보장해준다는 것은 유의미한 일이다. 물론 그만큼 이를 생활화할 수 있는 임금의 보장도 함께 이루어져야 할 것이다.

　일하는 사람들의 문화공간, 노동자의 작은도서관 '사람'(관장 한상욱)은 2017년에 개관한 아직은 출발선에 서 있는 작은도서관이다. 천주교 인천교구 노동자센터 부설로 운영을 시작한 '사람'은 인천 지역 노동자의, 노동자에 의한, 노동자를 위한 인문학도서관으로 문을 열었다. 일하는 사람들을 위해 오전 10시부터 밤 10시까지, 월요일부터 토요일까지 운영하고 있다. 현재 노동과 문학, 종교, 역사, 예술, 사회과학, 자연과학, 철학 도서와 노동 관련 저널을 포함하여 6000여 권의

적지 않은 장서를 갖추고 있다. 생활 현장에 있는 노동자들이 직접 들려주는 이야기를 담은 소금꽃 이야기마당을 비롯하여 매월 정기적으로 '노동 다큐영화제'를 열기도 하며, '글쓰기 마당'과 '노동현안 토론회' 독서 소모임을 운영하고 있다. 1980년대 노동자들의 집단 거주지를 중심으로 활발하게 활동한 구로, 부평, 부산 등의 노동도서원의 사례가 2000년대 다시 생겨나는 듯 반갑다. 다양한 책을 읽고 정치, 사회, 문화적으로 성장하는 노동자들의 삶이 이곳에서 더욱 빛을 발하기를 바란다.

스웨덴 노동자들의 교육 기관 아베프(ABF)는 1912년에 창설되었다. 사민당, 노동조합, 협동조합 활동가들이 주축이 되었다. 1907년 정부는 시민 교육에 필요한 책들을 지원하였다. 함께 읽은 책들은 도서관에 기증했고, 이를 바탕으로 스웨덴 지역마다 도서관이 많이 생기는 계기가 되었다. 또한 시민 교육을 통해 생성된 다양한 소모임에서 읽고 토론한 내용들은 스웨덴 복지 정책의 배경이 되었다. 지금도 스웨덴의 많은 국민은 다양한 학습동아리를 주중에 두세 개씩 진행하고 있다.

노동 시간의 단축으로 '저녁이 있는 삶'이 확보된다면 가장 먼저 책 읽고 토론하는 자연스러운 모임들이 많이 생기길 바란다. 아울러 정부 및 기업에서도 직장인들의 독서 환경을 위한 다양한 지원책을 모색해야 할 것이다. 정규직, 비정규직, 알바 노동자, 일용 노동자, 감정 노동자 모두 함께 소통하는 사회에서 '책'이 좋은 매개가 되기를 희망한다. 작은도서관이 또 다른 실험적 공간, 노동자의 도서관 '사람'이 될 것으로 보인다.

네 아이의 엄마가 키워가는 강화 자람도서관

봄이면 강화 고려산은 붉다. 진달래가 산 전체를 덮은 광경은 멋스러움 그 자체다. 자연이 만들어낸 이 아름다움에 감탄하지 않을 수 없다. 붉은 산과 물오른 나무의 싱그러움은 강화를 더욱 아름다운 섬으로 만든다. 강화는 아픈 항쟁의 역사가 깃는 곳이다. 강화 둘레에서 만날 수 있는 광성보나 갑곶돈대의 모습을 통해 외세 침입에 맞선 선조들의 항쟁을 상상해볼 수 있다. 강화도에는 1782년(정조 6)에 설치한 규장각의 부속 도서관인 외규장각이 있다. 병인양요 때 프랑스군이 외규장각의 도서를 약탈해갔다. 세계에서 가장 오래된 금속활자본인 『직지심체요절』과 약탈 문화재인 『외규장각의궤』를 프랑스국립도서관 사서로 일하던 박병선 박사가 발견하였다. 이후 반환을 위한 노력에도 2011년 프랑스 정부로부터

297권의 『외규장각의궤』를 145년 만에 대여 형태로 돌려받게 되었다.

자연과 역사를 느낄 수 있는 강화에도 작은도서관이 있다. 강화시 양도면에 위치한 자람도서관은 2012년에 문을 열어 진강산 아래 자라는 아이들과 마을 사람들의 책터이자 소통의 공간이 되고 있다. 강화에서 특수교사로 재직 중인 고제헌 교사가 이곳에 처음 터를 잡고, 2017년부터는 네 아이의 엄마 전민성 씨가 관장을 맡아 자람도서관을 키우고 있다. 강화

도 여느 농촌과 다르지 않아 읍내를 벗어나면 인적이 뜸하다. 다리가 생겨 인근 경기도 고양이나 김포, 파주에서 오기가 쉬워지고, 강화 안에서도 교동이나 석모도 같은 섬들이 연결되면서, 전에 비하면 관광지로 찾는 사람들의 발길이 늘었으나 그래도 마을 안으로 들어가면 조용하다.

오래 터를 잡고 살아가는 분들이 농사짓고, 배를 부리며 살아가는 지역이다 보니 오가는 사람들은 적어도, 마을마다 옹기종기 사람들이 모여 살고 아이들이 크고 있다. 자람도서

◁ 자람도서관 ⓒ해님달님작은도서관 최은희
▷ 작은책방 겸 북스테이 국자와주걱 ⓒ박소희

관은 인근 중학교 학생들의 등하굣길에 있다. 버스가 오길 한참 기다려야 하는 곳인데, 학교를 끝낸 아이들이 잠시 머물 곳이 적당하지 않아 길거리에 오래 서서 기다리는 모습을 지켜보며 안타까워하던 마음이 통했는지 버스 정류장 바로 앞에 터를 구할 수 있었다. 넓은 마당에서 닭들이 유유히 마당을 거닐고, 초기에는 검은 염소 한 마리가 도서관 창가 앞에 자리를 잡고 있었다.

중학생, 초등학생, 유아인 막내까지 도서관에서 키우고 있는 전민성 관장은 아이들이 숨을 쉬며 살게 하고 싶어 강화로 들어왔다. 살던 마을을 중심으로 진강산 마을공동체 사람들을 만나고, 서로 어울려 강화에서의 낯설지만 설레는 삶을 꾸려갈 수 있었다고 한다. 자람도서관은 오전에는 공동육아를 하는 엄마들이 아이들과 와서 함께 마을을 산책하고, 오후에는 학교를 마친 아이들이 와서 쉬고 놀며 책을 보는 공간이 된다. 밤에는 주민들이 모여 강연도 듣고 마을 일도 상의하는 회의를 하기도 한다. 자람도서관을 중심으로 '국자와주걱'이라는 이름의 작은 책방 겸 북스테이 공간도 있고, 발달장애인과 비장애인이 함께 일구는 큰나무캠프힐에서 운영하는 '큰나무카페'도 있다. 문승연 그림책 작가와 함민복 시인 등 많은 문인도 이웃하여 살고 있다.

자람도서관에서 한 고개 넘어가면 '바람숲그림책도서관'(관장 최지혜)도 있다. 더불어 살아가는 힘을 믿는 사람들이 하나둘 모여 강화의 또 다른 독서문화와 생활공동체를 만들어가고 있음을 강화 자람도서관을 보면서 또 한 번 느낀다. 공간이 사람을 모으고, 그 공간에 담긴 뜻은 사람의 마음을 움직이고, 서로에게 기댈 줄 아는 사람들을 만들어간다. 이를 느낄 수 있는 곳이 바로 자람도서관이다. 작은도서관은 이렇게 살고 있다.

비독자를
독자로
만드는 일

만나는 사람들과의 첫인사로 "지금 무슨 책 읽어?" 하고 묻기로 했다. 어떤 책을 읽고 있는지, 그 책을 왜 읽는지, 어떻게 읽게 되었는지 많은 질문이 꼬리를 물 수 있지만 편하게 제목만 돌아가면서 이야기한다. 사람들을 알고 있다면 그 사람이 읽고 있는 책과 그 사람 사이의 사연을 유추해보는 재미도 있다.

4월은 화사하게 핀 봄꽃 구경만큼 도서관을 찾는 발길도 분주해지기를 바라는 도서관 주간과 세계 책과 저작권의 날 (4월 23일)[5]이 있는 달이다. '책'과 '도서관'이 어우러져 만들어낸 다양한 행사가 열린다. 다가오는 4월 23일에도 사람들에게 무슨 책을 읽는지 물어봐야겠다. 책을 읽는 사람들에게 진달래꽃 한 아름 안겨주는 선물을 하고 싶다.

신학기가 시작되는 3월에는 도서관도 새로운 계획을 세우고 실행하기 시작한다. 매년 봄이 오면 겨울 추위에 움츠러들었던 몸을 펴는 것과 같이 서가의 책들도 새롭게 단장하기를 권한다. 장서 점검을 해야 할 때다. 특히 공간이 협소한 작은도서관은 정기적으로 장서 점검을 하지 않는다면 서가에 쌓이는 책들을 감당하기 힘들 것이다. 비워야 채워진다는 말은 작은도서관에 특히 어울리는 말이다. 장서 점검을 하다 보면 생각지 못한 좋은 책을 발견할 수도 있고, 적당한 주제에 따라 도서관의 장서가 잘 갖추어져 있는지 확인할 수도 있다. 그러면 어느 서가를 정리해야 할지도 보인다. 개관하고 3년 정도가 지난 작은도서관에선 봄마다 반드시 장서 점검을 해야 한다.

그림책 장서로 특화한 책돌이도서관

광주광역시 북구 오치동에 있는 책돌이도서관은 2007년 (사)어린이도서연구회 광주지부 부설도서관으로 문을 열었다. 책을 좋아하고 주변 사람들과 함께 읽기 활동에 열심인

어린이도서연구회 회원들의 마음이 모여 지금까지 작은도서관을 조성하고 활동해왔다. 책돌이도서관의 자랑은 '회원 모두가 읽고 좋은 책의 기준을 마련하여 공유한 책'들이 서가에서 이용자들을 기다리고 있다는 점이다. 2층은 그림책을 비롯하여 다양한 동화와 어린이책에 관한 이론서 등이 있고, 3층에는 독서 모임과 강좌를 진행할 수 있는 공간이 마련되어 있다. 그러나 세월이 지나다 보니 이곳을 주로 이용하던 아이들도, 그들의 부모도 성장하였다.

더 다양한 연령대의 이용자가 모이고 더 오래 머물고 싶은 공간으로 도서관을 만들어야겠다는 고민은 장서를 특화하자는 생각으로 이어졌다. 2015년 자체 이용자 설문조사 결과 장서 중 '그림책'을 주요 특화 장서로 할 것을 결정하였다. 어린이책의 범주에서 벗어나 다양한 연령대가 함께 볼 수 있는 장점으로 선택된 '그림책'이라는 분야로 특화를 결정하고, 기존의 장서를 어떻게 할 것인가를 두고 심각한 갑론을박이 몇 달 동안 이어졌다. 오랜 토론과 결정의 과정을 거치고, 운영 주체가 모두 '그림책'을 좀더 깊이 이해할 수 있도록 긴 강좌도 함께 받았다. 수많은 책을 서가에서 정리하거나 3층에 따로 마련한 보존서고로 옮기고, 2층은 그림책을 중심으로 이용자들이 쉽고 편하게 볼 수 있게끔 리모델링을 마쳤다. 이렇

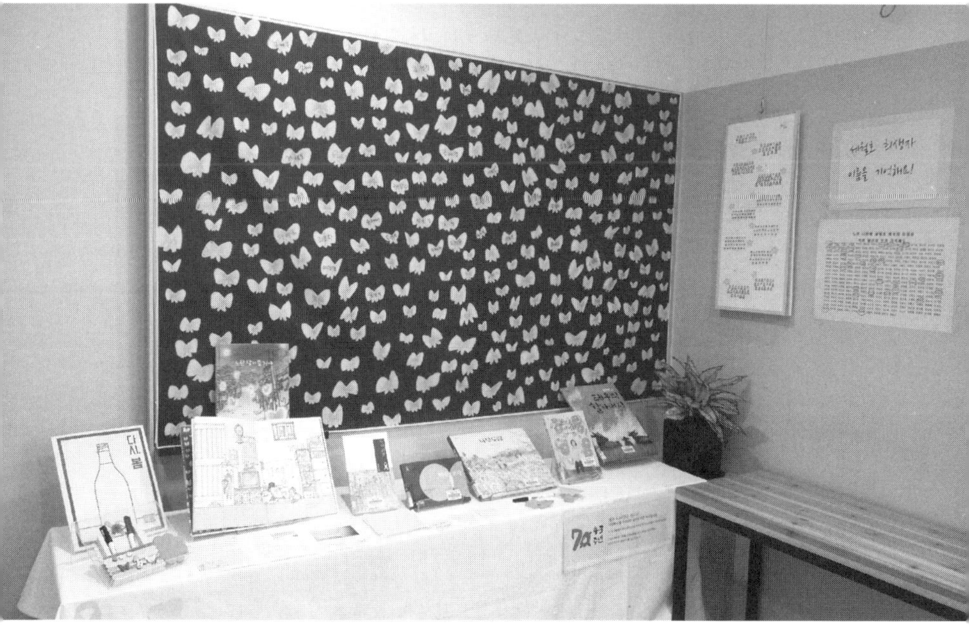

△ 책돌이도서관

듯 새로운 마음으로 꾸며진 공간에서 '책돌이그림책도서관'이 멋지게 출발했다.

서로 돕는 공동체 기찻길옆작은학교

인천시 만석동은 바닷가 마을이다. 포구가 있고, 주변으로 커다란 목재 공장과 중공업 공장이 있다. 월미도와 중국인거리가 유명한 인천역 인근에 있다. 만석동에는 '기찻길옆작은학교' 공부방이 있다. 1989년에 문을 연 '기찻길옆작은학교'에서는 해마다 4월이면 작은 공연을 한다. 관절인형을 이용한 인형극과 함께 타악패와 노래패, 춤패 등이 어우러져 공연을 펼친다. 2018년 공연은 '집'이 주인공이었다. 기찻길옆작은학교가 생겨난 바로 그 집이다. 집의 시선에서 이야기하고 집이 품었던 사람들의 이야기를 통해 만석동 지역의 이야기, 사람들이 살아가는 이야기를 들려주었다. 그리고 기찻길옆작은학교와 함께 살아가는 식구 같은 이웃들의 이야기를 담고 있었다.

만석동은 가난한 동네다. 그러나 가난은 이웃을 더 가깝게 만들었고, 서로 돕는 삶의 공동체를 만들어가는 착한 사람들의 살 만한 세상을 만들었다. 아동문학 작가 김중미가 쓴 『괭

이부리말 아이들』(창비, 2001)과 『행운이와 오복이』(책읽는곰, 2018)가 바로 '기찻길옆작은학교'의 이야기다. 김중미는 여전히 '기찻길옆작은학교'에서 아이들의 큰이모다. 공연 내내 큰이모의 역할은 조용히 그 자리를 살피는 것이다. 모든 무대는 아이들이 스스로 꾸몄고, 아이들을 주체로 세워주는 과정이었다. 공연을 위한 공연 준비가 아닌 일상이 공연이고 공연이 일상인 듯한 느낌은 차분하면서도 가슴 깊은 곳에서 울려오는 울림과 감동을 주었다. 김중미 작가가 『행운이와 오복이』를 통해 전하는 '착한 사람들이 있어 살 만한 세상'을 생각해본다. 누군가 "지금 무슨 책 읽어?" 물어본다면 『행운이와 오복이』를 읽는다 말하련다. 그러고는 착한 사람으로 살고자 결심하려고 한다고 전하고 싶다.

수 놓은 책이 있는 성산글마루작은도서관

서울 마포구 성산동 시영아파트 편의시설 안에 자리 잡고 있는 '고맙습니다성산글마루작은도서관'[6]은 2011년에 개관하였다. 공립 작은도서관으로 초대 백현진 관장이 현재까지 운영을 책임지고 있다. 공립 작은도서관에 운영을 지속적으로 책임지는 관장이 있다는 것만으로도 좋은 사례라 할 수 있

다. 지역 주민의 생활권과 밀착되어 있고, 이용자 및 이용 실태 변화에 민감할 수밖에 없는 작은도서관에 한 명의 책임자가 꾸준히 자리를 지킨다는 것은 장서를 구축하고 프로그램 및 강좌를 기획하는 데에도 매우 중요하다.

공립 작은도서관에서 이렇게 지속적인 운영을 담당하는 담당자 및 관장을 만나기 쉽지 않은 것이 현실이다. 작은도서관 운영의 핵심은 운영자의 가치관이다. 공립 작은도서관은 분관의 형태를 취하며 중앙시스템의 보조 기관으로 운영되거나 가장 기초적인 대출, 반납과 상호대차시스템 위주로

◁ △ ⓒ고맙습니다성산글마루작은도서관

운영되는 경우가 많다. 이 경우 실무 담당자는 단기 근무자인 경우가 대부분이다. 그런 현실 속에서 작은도서관이 질적인 성장을 하며 안정적으로 운영되기는 어렵다.

성산글마루작은도서관은 2015년 '그림책의 즐거움'이라는 주제로 열두 번의 강의를 진행했다. 어린 자녀와 함께 읽을 책을 어떻게 선택해야 할지 막막해하는 부모들의 질문에 답을 찾고자 하는 노력 속에서 마련된 강좌였다. 아동심리를 알고 양육자의 태도에 따른 아동의 반응도 알게 되고, 그림책을 작가별, 주제별로 더 자세하게 알아보는 동안 흥분하고 즐거워하는 '나'를 발견하는 사람들이 생겼다. 이런 부모들이 모여 '그림화요'라는 동아리를 만들었다. 그림화요는 한 달에 두 번 화요일에 만난다.

더 많은 사람에게 그림책을 들려주기 위해 그림책 읽기 봉사도 진행한다. 도서관에서 한 달에 한 명씩 그림책 작가를 정하고, 아이들과 함께 책을 읽고 재미있는 활동도 한다. 책 축제에도 참여한다. 서로 모임을 통해 알게 되는 '그림책'의 세상도 좋았지만, 서로 힘을 합하니 만남이 즐겁고, 나의 활동이 도서관을 위한 사회적 활동이 되니 뭔가 신나기도 한다. 주변 사람들도 그 사람의 에너지가 어디에서 샘솟는지 확인하고 싶어진다. 바로 도서관에서 책을 알게 되고 변화된 모습이다.

이렇듯 작은도서관은 주변의 비독자층이 '책'에 관심을 가질 수 있게 하는 다양한 노력을 해왔고, 그들을 묶어 세우고, 다시 사회에 되돌려줌으로써 삶의 보람을 느끼게 하고 있다. '고맙습니다성산글마루작은도서관'의 백현진 관장은 이를 위해 오늘도 서가에서 말을 걸어오는 책들을 찾고, 그 책을 새롭게 한 땀 한 땀 수를 놓아 도서관 한편에 전시해둔다. 복도를 올라오며 자연스럽게 눈길이 가는 곳에 책을 안내하는 아름다운 수가 놓인 책 그림 한 점이 누군가 '책'을 읽게 하는 계기가 될 것을 확신하기 때문일 것이다.

비독자를 찾아나서는 일

　사회의 양극화는 책 읽기에서도 드러나고 있다. 읽는 사람들은 계속해서 읽지만 여전히 읽지 않는 사람과 읽지 못하는 사람들이 더 많은 비중을 차지한다. 누구나 이용할 수 있는 도서관의 책들을 단 한 번도 찾아 읽지 못하는 사람들, 그리고 도서관을 향한 발걸음을 전혀 생각해보지 못한 사람들이 우리 주변에 더 많은 것이 아닐까? 독서실태조사 결과는 이런 현상을 그대로 반영하고 있다.

　우리나라 성인의 연간 독서량은 9.1권이고, 도서관 이용률은 월평균 성인 1.8회, 학생 2.7회나. 책의 입수 경로로 도서관은 12.3퍼센트다. 책을 읽을 공간들이 늘어남에도 독서율은 해마다 자꾸 하락하는 이유를 찾아야 한다. 여전히 소수의 책 읽기에 머무는 현실을 극복하기 위한 대안이 시급히 필요하다. 책에 대한 노출, 그리고 다수를 위한 책읽기의 경험을 갖게 하는 방안이 더욱 강구되어야 한다. 이를 위해서 매체를 이용한 책읽기의 대대적 홍보 및 책을 추천하는 다양한 방송 프로그램의 활용을 제안하는 사람도 있다.

『이기적인 착한 사람의 탄생』을 쓴 유범상의 말처럼 "이상이 일상이 되도록 상상하라"는 선언이 책읽기에도 그대로 적용되어야 할 것이다. 좋은 책을 함께 읽고 토론함으로써 생각을 키우는 과정이 바로 시민으로서 성장하는 과정이다. 오늘 또 한 명의 비독자가 드디어 '책'이라는 세계를 만나 세상을 살아갈 힘을 얻을 단 한 줄의 글을 만나기를 기대해본다. 도서관은 그들에게 끊임없이 읽을거리를 제공하기 위해 다양한 고민과 행동을 보일 준비가 되어 있다고 말하고 싶다.

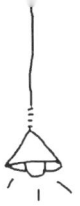

도서관계가
술렁거렸으면 좋겠다

2018년 4월 9일 제6기 도서관정보정책위원회가 출범했다. 2006년 도서관법이 새롭게 개정되었는데, 그중 가장 중요한 내용 하나가 바로 도시관정보정책위원회(이하 도서관위원회)의 출범이었다. 대통령 직속기구로, 국민에게 평등한 정보 제공의 기회를 보장하고 전 방위적 도서관 확보를 위한 새로운 출발점이 될 듯했다. 그러나 출항을 시작한 도서관위원회는 이명박 정부 집권 이후 제대로 된 기능을 하지 못한 채 지금에 이르렀다.

도서관위원회 출범 이후 11년 동안 조금의 진전도 없이 도서관은 수적인 성장을 해왔다. 공공도서관은 2006년 564개에서 2018년 현재 1010개로 성장했다. 그러나 이러한 수적인 성장이 국민의 알 권리와 이용의 확대, 도서관에 대한 인식 개선의 기회로 이어지지는 못했다. 국민독서실태조사 결과 오히려 독서율이 줄어드는 것으로 나타났다.

도서관위원회에만 문제 해결의 책임과 기대를 거는 것은 무리다. 도서관위원회가 힘을 낼 수 있도록 도서관 각계의 목소리가 술렁거려야 한다. 이용자들이 도서관에 대한 문제를 제기하고, 현장의 사서들이 무엇이 올바른 도서관의 길인지를 소리 높여 이야기해야 한다. 변화의 기회는 언제나 찾아온다. 6기 도서관위원회 위촉직 위원들과 각계 부처 장관이 포함되는 당연직 위원들이 국민의 알 권리 보장과 정보화 시대에 발맞추어야 한다. 앞선 정보 제공 및 공유를 위해 현장의 목소리를 충실히 반영하여 명실상부한 도서관위원회의 역할을 하길 바란다.

공동주택 그리고 작은도서관

한국을 대표하는 주택 유형은 아파트다. 2016년 국토교통부에서 실시한 주거실태조사에 따르면 단독주택이 35.3퍼센트, 아파트가 48.1퍼센트로 주택 유형의 대부분을 아파트가 차지하고 있다. 이렇게 대부분의 주택 유형을 차지하는 아파트에도 작은도서관이 있다. 우리나라는 1994년 12월 30일 주택건설기준 등에 관한 규정 제55조 5항에 의거하여, 복리시설로 도서관 및 독서진흥법에 따라 500세대 이상 단지에 문고를 의무적으로 설치하도록 하였다. 2006년에는 300세대 이상의 주택단지로 확대 강화되었다가 2013년 55조 2항 주민공동시설[7]로 편입하여 500세대 이상 단지에 의무적으로 설치하도록 완화되어 적용되고 있다.

따라서 2006년 이후 아파트 단지 내 작은도서관이 급속히 늘었으며, 그에 따라 공동주택 작은도서관의 문제가 새롭게 부상하였다. 이 규정에 따르면 설치 기준은 있으나 운영 주체에 대한 명시가 없다. 신설된 아파트의 경우 조성 이후 작은도서관의 운영을 어떻게 누가 할 것인가는 입주 후 입주자대표회의를 통해 결정된다. 따라서 작은도서관 운영의 문제가 태생적으로 생기는 것이다.

아파트라는 주거 형태에는 마을을 대신하는 단지라는 개념이 있다. 같은 단지에 살아가는 사람들이 이웃이 되어 살아간다. 이를 바탕으로 살기 좋은 아파트, 즉 사람 냄새 나는 동네를 만들어나간다. 하지만 아파트는 개별화된 주거 공간의 형태를 띠고 있으며, 각각의 아파트는 개인 자산이다. 반면에

작은도서관은 공공성이 강조되는 공공의 공간이어서 마찰을 빚게 된다. 우리 아파트에 다른 아파트 주민들이 들어와 이용하는 문제에 대해 근본적인 합의를 이루어내야 한다.

2012년 작은도서관진흥법 이후 조성된 아파트 작은도서관의 변화 추이를 살펴보자. 아파트 작은도서관은 2012년 747개에서 2013년 945개, 2014년 1173개, 2015년 1328개, 2016년 1450개로 4년 사이에 두 배로 늘었다. 전체 작은도서관이 차지하는 비율은 사립 작은도서관이 32.1퍼센트로 가장 많은 수를 차지하고 있다. 아파트 작은도서관의 수적 확장은 작은도서관의 양적 확대에 가장 큰 영향을 미친 것으로 보인

◁ 아파트 작은도서관

다. 따라서 아파트 작은도서관의 운영 안정화에 대한 대안 마련이 필요하다. 이는 작은도서관의 발전 방향 및 이후 역할에도 중요하다.

계속 늘어나는 아파트에 의무 설치 시설 규정을 존속시킬 것인가? 지금까지 조성된 1000개 이상의 작은도서관에 설치 기준 이외에 운영 규정을 누가 제시할 것인가? 아파트 입주자대표회의의 결정 권한으로 가져가야 할 것인가? 아니면 별도의 공공도서관 운영 지침을 마련하여 강제할 것인가? 강제의 주체는 누가 되어야 하는가? 자치단체인가, 정부인가?

사유재산이 공간에 국가가 개입해선 안 된다는 주상도 있으나 설치를 의무화한 정부가 나서서 이 문제를 풀어가야 한다는 주장도 있다. 그러나 지금까지는 아파트 작은도서관이 개별 아파트 주민의 판단에 따라 자율적으로 운영되어 활성화된 곳도 있고, 실질적 운영 주체인 작은도서관 자원활동가들과 입주자대표회의의 마찰을 심각하게 겪는 곳도 있다. 즉 시설을 만들게 한 주체는 빠져 있는 상황에서 주민 대 주민의 견해 차이가 발생하고 있다.

입주민이 아파트 공동시설 분담금을 관리비에서 세대별로 분담하여 1인의 상근 인력을 두고 운영하는 곳이 있고, 입주자대표회의 내 자생단체로 작은도서관 운영위원회를 둔 곳도 있다. 입주자대표회의와 합의하여 별도의 작은도서관 운영위원회가 비영리단체로 등록하여 운영 및 재정을 담당하는 곳도 있으며, 자치단체와 협약을 통해 인건비를 포함한 운영비를 지원 받는 사례도 있다. 아파트 작은도서관을 공립작은도서관으로 아파트에 무상임대를 받아 운영하는 자치단체도 있다. 이렇게 다양한 운영 형태 속에서 여전히 불씨가 남아 있다. 또 세대별 공동의무시설 설치 기준에 따라 도로 하나를 사이에 두고 단지마다 작은도서관이 있는 경우가 있는데, 이때 자치단체 차등 지원에 따라 상호 협력보다는 견제와 경쟁이 심하게 발생하기도 한다.

지역마다 작은도서관 교육을 다니다 보니 어느 때부터인가 수강생 중 아파트 작은도서관 운영자들이 많아졌다. 그들은 다른 작은도서관 운영자보다 더 큰 숙제를 안고 오는 경우가 대부분이다. 잘 운영하고 싶다는 바람이 있지만, 시설 유지비에 대한 부담이 크다. 또 책을 누가 구입할 것인지 고민하고, 프로그램을 지원받는다 해도 행정력과 실무력을 갖춘 운영자를 구하기가 어렵다고 토로한다. 아파트 작은도서관은 도서관을 통해 서로 얼굴 한 번 보지 않고 살아갈 이웃들이 만나는 곳이다. 학교 갔던 아이들도 학교 밖 작은도서관에서 안전하게 어울려 놀 수 있다. 세대가 어우러져 재미난 공동체 문화를 만들어갈 수 있다는 장점도 있다. 그러나 입주자대표회의가 결정해주지 않으면 그나마 받는 지원금도 반납해야 하는 게 현실이다.

잘 운영되는 아파트 작은도서관의 사례는 너무나 많다. 그러나 근본적으로 누가 운영하는가, 지속적인 운영 계획을 가지고 있는가, 운영 주체의 명확한 책임 권한을 어떻게 부여하는가, 라는 과제를 해결하지 않는 한 아파트 작은도서관의 전망은 어두울 수밖에 없다. 더불어 이렇게 아파트 작은도서관을 끊임없이 강제로 조성하는 것이 맞는 것인가에 대한 근본적인 의문도 생길 수밖에 없다.

공공도서관으로서의 작은도서관

왕실과 교회로부터 시민에게 돌아온 공공도서관의 역사는 새로운 시대의 개막을 알렸고, 그 이후 사회적 개혁의 주체인 '시민'을 광범위하게 성장시켜왔다. 우리는 '공공도서관'의 성장에 주목해야 한다. 많은 나라가 모든 시민을 위해

도서관을 조성하고 발전시켜온 바탕에는 '시민'의 알 권리와 이를 기초로 하는 '시민'의 성장을 역사적으로 확인했기 때문이라 본다. 특히 21세기에 접어들어 공공도서관은 지역사회의 중심으로 활동할 것을 요구받고 있다. 모두에게 공평하게, 모두에게 개방되고, 모두에게 무상으로 제공되는 공공도서관의 서비스는 지적인 자산의 집합체로 사람을 성장시키고, 새로운 기술을 습득하게 하며, 문화를 새롭게 창조하는 기반을 다지는 첫 출발이다.

그에 반해 우리는 여전히 공공도서관에 대한 인식에 한계가 있다. 지역에 기반을 둔 공공도서관의 역할과 인식을 올바르게 정착한다는 것은 국민 모두 자신이 누릴 권리를 찾는 과정이기도 하다. 공공도서관이 있는 지역과 그렇지 않은 지역의 차이를 확인해보자. 공공도서관은 작가와 출판을 살리고, 나아가 지역의 서점을 살리며 발전해야 한다.

우리나라 작은도서관은 이러한 취약한 공공도서관을 발전시키기 위한 시민들의 노력이 빚어낸 결과물이다. 시민이 주도한 작은도서관은 하나의 기관이라기보다는 운동의 성격을 담아왔다. 그렇게 양적으로 부족한 우리나라 공공도서관의 틈새를 메워가며 시대에 맞게 활동해왔다. 작은도서관이 주목한 것은 '지역성'과 '접근성'이었다. 어린이와 노인에 이르기까지 누구나 편안하게 와서 책을 볼 수 있는 공간을 만들기 위해 노력했다. 그로 인해 서로의 힘을 모아 만들어나가는 공동체성을 회복했다. 또 좀더 나은 출판을 기대하며 읽고 비평하기를 멈추지 않는 독서 공동체를 만들어왔다. 이러한 작은도서관 운동의 성과는 공공도서관의 성장으로 모여야 한다. 이를 통해 좀더 많은 시민들이 공공도서관의 서비스를 누릴 수 있어야 한다. 그것이 작은도서관의 역할이자 사명이다.

아파트 작은도서관의 사례를 집중적으로 이야기하고자 하는 이유도 이것 때문이다. 운영 주체를 생각하지 않은 채 무분별한 수적 조성이 가져오는 폐해를 아파트 작은도서관의 사례에서 보고자 했다. 이것이 바로 작은도서관이 처한 현실이고, 풀어야 할 숙제이다. 특히 6기 도서관위원회에게 거는 기대 속에서 공공도시관과 작은도서관의 연계, 지역의 연계, 각자의 역할과 존재 이유를 함께 고민해야 한다. 이는 공공도서관의 전체적인 밑그림 속에서 이뤄져야 할 것이다. 이번 6기 도서관위원회에서 밝힌 과제에서처럼 공공도서관의 체계를 바로 세우고, 도서관법을 정비하며 도서관 필요 인력에 대한 수급 계획을 마련할 때 작은도서관 현장의 목소리를 듣는 별도의 위원회 또는 TF 팀이라도 만들어지길 희망해본다.

작은도서관의 운영 실태를 조사하고, 별도의 평가지표를 갖추고, 전국에 등록된 작은도서관에 대한 평가가 이루어지고 있다. 이를 근거로 한 세밀한 분석을 통해, 앞으로 작은도서관 정책의 핵심 내용을 잡아나갈 종합발전계획이 세워지길 바란다.

지역 네트워크, 여럿이 함께 가는 길

작은도서관은 '함께'라는 말이 무엇보다 어울리는 공간이다. 작은도서관 운영에서 가장 중요한 가치가 바로 '함께', '더불어', '공동체'다. 혼자 가는 길보다는 여럿이 함께 가는 길이 행복을 만든다. 어느덧 작은도서관 속에서 아이들을 함께 키우고, 어른들이 어우러진다.

작은도서관 활동은 경제적 가치가 아닌 '의미'에 방점을 찍는다. 작은도서관이 추구하는 이러한 가치 때문에 가끔은 그 공동체를 이루어가는 성격의 의미를 담고자 '마을도서관' 또는 '동네도서관'이라고 부르기도 한다. 작은도서관은 혼자 힘으로 운영하기 힘들다. 그래서 주변 사람들과 함께 만들어

가자고 말한다. 특히 지역에서 작은도서관을 운영하는 사람들끼리는 그 처지와 애쓰고 있는 지점들이 비슷하기에 지역마다 작은도서관협의회를 만들어 서로의 상황을 공유하고 뜻을 모아 더 의미 있는 일들을 모색한다.

작가, 출판사, 서점, 공공도서관, 작은도서관, 시민단체 모두 시민들의 독서 활동을 위해 힘을 모아나가려면 연대하지 않을 수 없다. 이를 독서생태계라는 말로 표현한다. 작은도서관들이 이러한 독서생태계에서 더욱 힘을 받기도 하고 힘을 주기도 하면서 지역 주민들의 의식을 키워나가는 것은 사회 전체의 뿌리를 튼튼히 하기 위한 과정이다. 겨울이 지나면 봄이 온다. 작은도서관도 매서운 겨울 한파를 이겨내고 푸른 싹을 다시금 피울 것을 기대해본다. 다만 무엇을 위한 열매로 자라날 것인지 깊은 고민이 필요하다.

지역 독서생태계를 살리는 상생충북(BOOK)

'이웃의 삶 이웃의 이야기'는 청주의 어느 동네 서점에서 만날 수 있는 코너의 제목이다. 지역 작가의 책을 소개하는 이 코너는 서점에서 가장 눈에 띄는 곳에 있다. 2016년 6월 어려워진 출판을 살리기 위해 충북 지역 문단, 시민단체, 작은도서관이 먼저 힘을 모으고, 이어 자치단체, 의회, 교육청이 지역 출판과 서점을 살리기 위해 함께 나선 것이다. 이름하여 '상생충북(BOOK)'이다. 공공도서관과 작은도서관에서 예산을 편성하여 지역 출판물들을 구매하고, 더불어 지역 서점에서 도서를 구입하는 방안을 강구하여 실천하고 있다.

상생충북이 하는 일에 대하여 오혜자 청주초롱이네도서관장은 가장 먼저 지역사회 네트워크를 통한 독서 운동을 꼽는다. 그 방법으로 지역 작가의 책을 지역 출판의 힘으로 내고, 동네 서점을 통해 사고 팔며, 도서관에서 함께하는 상생의 책읽기를 권하고 있다. 또 지역 작가는 지역의 이야기를 쓰고, 이를 바탕으로 지역 서점과 도서관에서 작가와 독자의 만남을 연결하여 지역의 모든 계층이 지역에 대한 이해를 넓히고, 새로운 지역 문화의 창조를 위한 충전의 시간을 마련한다. 상생충북과 함께하는 단체는 충북문인협회, 충북작가회의, 청주지역서점연합회, 청주시 작은도서관협의회, 충북시민재단(충북NGO센터), 지역출판네트워크이다. 이들 단체와 협력하고 협약을 맺은 기관으로는 청주시의회, 청주시립도서관, 충북도교육청, 청주YWCA, 청주문화산업진흥재단, 충북문화재단 등이 있다.

독서는 시민에게 힘을 부여한다. 시민주권 시대에 주인으로 나서기 위해서는 더 많은 정보를 접하고, 이를 바탕으로 새로운 문화와 가치 창조에 힘을 쏟아야 한다. 또한 권리를 지키고 시민권을 확장하기 위한 토대도 구축해야 한다. 우리는 현재 넓어진 시민의 주권을 바탕으로 더 나은 사회를 만드는 성장기에 접어들었다 할 수 있다. 과거에서 벗어나 새로운 시대를 열려면 다양한 경험과 지식, 정보가 필요하다. 그렇기에 그 어느 때보다 독서의 중요성이 강조된다. 이에 출판사와 작가, 서점과 도서관뿐 아니라 시민단체와 지역 의회 의원들이 힘을 합쳐 새로운 독서생태계를 가꾸어가는 상생충북의 노력은 다른 지역에서도 배우고 익혀야 할 것이다.

지구인의 이야기가 담긴 안산 다문화작은도서관

경기도 안산시 단원구 부부로 43. 안산 다문화작은도서관의 주소다. 외국인주민센터 지하 1층에 자리 잡고 있다. 안산 단원구 원곡동은 다양한 나라에서 온 사람들이 함께 살아가는 동네로 유명하다. 거리의 간판과 오가는 사람들, 그리고 낯선 언어들이 마치 외국의 거리를 여행하고 있는 듯한 착각을 일으킨다. 이곳은 2009년 다문화특구로 지정되었다. 그만큼 다양한 나라에서 온 이주민을 생활 속 가까이에서 만날 수 있다. 그곳에 자리 잡은 작은도서관이 바로 안산 다문화작은도서관이다. 2008년 개관한 이후 2014년 한양대학교 글로벌다문화연구원에서 위탁 운영을 하고 있다. 이때부터 일하고 있는 정은주 부관장은 늘 밝은 얼굴로 사람들과 함께 어우러져 살아가고 있다. 매일 어떤 일을 벌이면 좋을까 생각하는 재미에 빠져 있다. 그만큼 에너지가 넘치니 20여 평 남짓의 작은도서관이 이제는 사람들로 북적이고 각 나라의 도서[8)]뿐 아니라 이주민들과 함께한 여러 활동의 결과물인 수예품이 서가를 멋지게 장식하고 있다.

안산 다문화작은도서관 서가에서 눈에 띄는 것은 세계지도도서관이라는 코너다. 이주민들이 직접 자기 나라에서 가져온 지도로 서가를 채웠다. 그리고 사서 데스크 위에 놓인 '우리도서관일기'는 매일 방문하는 이용자들이 직접 쓰는 일기다. 도서관의 보물 1호라고 할 정도로 소중한 이용자들의 기록이다. 각국 언어로 쓰인 일기장에서 도서관에 대한 사랑이 가득 담겨 있음을 느낀다. 1954년생 조 씨는 매일 아침 사서와 함께 도서관 문을 열 정도로 열성적인 도서관 이용자다. 신문과 책을 읽을 수 있는 도서관은 무기력한 일상에 빠질 수 있는 자신에게 활력을 주는 공간이며, 고향 선배를 만날 수 있는 사랑방 같은 공간이라고 한다. 이런 도서관이 집 가까이

△ 안산 다문화작은도서관 서가에서 가장 눈에 띄는 세계지도도서관 코너
▷ 사서 데스크 위에 놓인 우리도서관일기. 매일 방문하는 이용자들이 직접 쓴다.

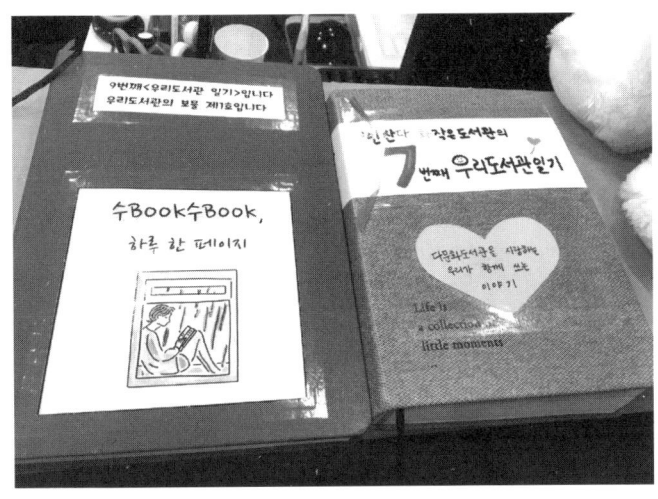

에 있어 조 씨는 늘 감사하는 마음으로 도서관을 이용한다.

안산 다문화작은도서관에서는 늘 책모임이 열린다. 사람들을 만나게 하고 소통하게 하는 다양한 방법을 모색하는 정은주 부관장은 2017년 '지구인 금요책반상회'를 기획하였다. 한 달에 한 번, 세 번째 금요일 낮에 '지구인 금요책반상회'를 열어 이주민과 선주민이 함께 도서관과 책에 대해 이야기한다. 1년 동안 반상회를 운영한 결과 열한 개 나라 177명이 참여하였다. 같이 책을 권하고, 동화 구연, 노래 등 장기자랑을 하고, 음식을 나누며 함께한 반상회의 기록은 《나는 우리도서관의 주인공입니다》라는 제목의 소책자로 만들어졌다. '작은도서관에 모인 지구인들의 이야기'라는 부제가 참으로 정겹다.

작은도서관이 어깨 걸고 간다는 것

　작은도서관을 운영하는 것, 그것도 혼자서 운영을 도맡아 한다는 것은 힘에 부치는 일이다. 그래서인지 작은도서관 사람들은 바깥일을 한다는 것조차 힘겨워 하는 경우가 많다. 그러나 그럴 때일수록 시야를 넓혀야 한다. 지역 안에서는 작은도서관 운영자들이 함께 모이는 일부터 시작할 수 있을 것이다. 작은도서관 지역협의회가 만들어진 이유다. 전국의 협의회들은 많지만 더욱 필요한 것은 가까운 지역에 있는 작은도서관들의 연대체이다. 그래서 교육을 진행할 때마다 가까운 지역의 작은도서관들이 서로 만나는 기회를 가지는 방법들을 함께 모색하곤 한다.

　2018년 여수와 경기도 시흥, 인천, 서울 서초, 울산, 경남, 전주를 포함한 호남, 그리고 청주에서 작은도서관 교육이 있었다. 때론 교육 의뢰를 받아 찾아가는 곳도 있지만, 일부러 찾아가 만나고 오는 경우도 있다. 새로 시작한 작은도서관의 어려움도 듣고, 시간이 지남에 따라 더욱 어려워진다고 호소하는 경륜이 쌓인 도서관 관계자를 만나고 오기도 한다. 만나는 자리마다 인연이 생기는 것이니 늘 살펴보게 된다. 잘 꾸려가고 있는지, 힘든 점은 없는지 이야기를 나누다 보면 이야기 속에서 힘을 얻고 새로운 방안을 스스로 찾는 경우들이 더 많다. 이야기를 듣다 보면 그들 스스로 갖고 있는 에너지가 충전된다. 그들은 그 힘으로 또 한 해 작은도서관을 꾸려간다.

아주 가까이에서 서로의 존재를 모르는 경우도 많다. 작은도서관협의회가 운영되고 있는 곳은 광역 단위이거나 수도권이 많다. 그러나 더욱 촘촘히 기초자치단체별로 작은도서관협의회가 만들어져야 한다. 작은도서관협의회는 작은도서관을 운영하면서 생기는 문제를 해결하는 것 이상으로 서로의 이야기를 들어주는 네트워크의 출발이나. 협의회 단위의 모임에서는 서로의 교류가 우선이 되어야 한다. 작은도서관협의회 만남에서도 '책'을 중심에 놓고 서로 이야기를 나누면 좋겠다. 서로가 '책'을 어떻게 바라보는지, 어떤 이용자들이 도서관을 찾는지, 무엇을 통해 이용자와 작은도서관이 연결되고 있는지 서로 이야기를 나누는 과정에서 배울 것이 생긴다. 힘을 모으면 한 걸음 더 나아가 함께할 수 있는 일들을 모색할 수도 있다. 이미 오랜 경험을 갖고 있는 작은도서관 지역협의회들이 있다. 용인과 부천, 성남과 고양, 파주 등 경기도의 작은도서관협의회와 청주와 인천 그리고 대전, 대구에서 작은도서관협의회가 활동하고 있다. 혼자의 힘으로는 힘든 작은도서관 교육을 진행하고, 마을 작은도서관 축제를 벌이고, 함께 나눌 수 있는 지역 후원행사도 진행한다.

2017년 대전어린이마을도서관협의회는 스스로 걸어온 협의회의 발자취를 담아낸 기록물을 만들어냈다. 《마을을 사랑한 작은도서관 이야기》라는 제목을 달고 나온 10주년 기념 자료집에는 고스란히 협의회의 역사와 함께한 사람들의 기록이 담겨 있다. 자료를 모아낸 것 또한 다른 지역에서 따라 배울 수 있는 귀중한 경험의 산물이다. 마을도서관이라는 이름을 달고 운영되고 있는 13개 작은도서관들을 위해 협의회는 신임 관장들의 워크숍을 열고, 운영자들의 역량 강화를 위한 교육을 진행하며, 작은도서관 장서를 개발하기 위한 모임과 지원 사업을 마련해 1년에 한 번 북적북적 작은도서관 축제를 벌이고 있다. 특히 마을에 역점을 두고 활동하는 작은도서관 활동가를 양성하기 위한 마을리더워크숍을 진행하고 있다. 협의회가 지향하는 작은도서관과 함께 모이는 사람들이 삼아야 하는 가치를 서로 배우고 실천하기 위한 다양한 노력의 흔적을 볼 수 있다.

2018년 5월, 대구에서 대구마을도서관네트워크와 (사)어린이와 작은도서관협회 대구지부 회원들이 기자회견을 하였다. '2018 대구 지방선거 후보자에게 제안합니다'라는 이름으로 독서 공동체 활성화를 위한 정책 제안서를 발표한 것이다. 이들의 제안은 첫째, 독서진흥조례 제정과 독서진흥 예산 확충. 둘째, 구체적이고 직접적인 독서진흥 계획 마련. 셋째, 대구시 사립 작은도서관 활성화를 위한 운영 지원. 넷째, 운영 지원 없는 사립 작은도서관 서열화 반대이다. 이렇듯 작은도서관들이 연대하면 정치권에 구체적인 정책 제안도 할 수 있다.

작은도서관이 '여기' 있어요

2017년 국민 독서실태조사 결과에 따르면 공공도서관 연간 이용률은 성인 22.2퍼센트, 학생은 63.0퍼센트로 나타났다. 2년 전인 2015년에 비해 성인은 6퍼센트가 감소하고 학생은 1.9퍼센트가 감소하였다. 공공도서관의 수는 늘었다. 하지만 이용률은 줄어들고 있다. 일이 바쁘고 시간이 없어서라는 답이 가장 많지만, 도서관 이용의 필요성을 느끼지 못한다고 답한 응답자도 35.6퍼센트에 이르렀다. 이것을 볼 때 여전히 시험과 취업 준비 등 개인 학습을 하지 않는다면 도서관을 찾을 이유가 없는 것이라 생각하는 사람들이 많은 것이 아닐까 싶다.

부러울 정도의 환경을 갖춘 공공도서관들이 많이 생겨나고 있다. 도서관이 있는 지역과 그렇지 않은 지역의 문화적 차이, 사람들의 생각 차이를 생각해본다. 이제 도서관은 지역 안에서 단순히 책만을 읽는 공간, 개인 학습을 위한 공간을 넘어 문화를 향유하고 인문학적 소양들을 채워주는 공간으로 발전하고 있다.

그러나 이는 이용해본 소수 사람의 몫일 뿐이다. 작은도서관도 이러한 부분에서 자유롭지 않다. 작은도서관이 가진 장점인 지역성과 접근성을 최대한 살려 사람들이 기본적인 공공서비스를 누릴 수 있게 노력해야 한다. 지역에서 작은도서관 네트워크를 넘어 더 많은 사람들과 연대하도록 권하는 이유는 바로 도서관에 대한 인식과 역할을 더 널리 알려야 하기 때문이다. 지역의 출판, 서점, 작가, 그리고 공공도서관 및 작은도서관의 연대체가 있어야 한다. 지역 독서생태계 복원을 통해 지역 안에서 시민이 어우러져 만들어가는 독서동아리를 통한 책 읽기와 생각 나눔이 건강한 시민을 만든다. 깨어 있는 시민이 자신의 권리를 찾을 수 있다. 상생충북의 사례, 안산 다문화도서관 그리고 각 지역에서 활발하게 움직이는 작은도서관협의회의 활동을 통해 함께하는 활동의 중요성을 확인하길 바란다.

　미국도서관협회는 '당신의 도서관이 마을에서 가장 중요한 곳인 이유'를 밝히고 있다. 도서관은 공동체를 구축한다. 도서관은 다양한 계층을 위한 지역센터다. 도서관은 문화예술센터다. 도서관은 평생교육의 장이다. 도서관은 어린이 청소년을 지원한다. 다섯 개의 중심 내용에 따른 세세한 내용을 밝힌 23가지 이유도 있다. 과연 작은도서관이 마을에서 가장 중요한 이유는 몇 가지나 될까?

장소가 기억하는 시간들

20대 청춘을 함께 살아낸 후배는 시인이 되었다. 첫 시집을 내고 지역에서 '시인과의 만남'을 한다고 하여 찾아갔다. 30년의 세월은 훌쩍 지났지만 여전히 예전의 모습을 기억하는지라 어리게만 보았는데, 시간은 그의 시 언어 속에 묵직하게 담겨 있었다. 그의 시 속에는 장소가 있었다. 가난했지만 추억을 담고 있는 목욕탕도, 여관도, 그리고 전도관도 있었다. 똥바다로 불렸던 바닷가 선착장도 시인의 언어 속에서 기억을 담아 다시금 살아나고 있었다. 수없이 썼다 지우기를 반복하며 탄생한 시 속에서 시대의 아픈 기억도 아름다움으로 되살아났다. 차분히 그때를 소환하는 시인의 이야기를 따라 그곳에 모인 사람들 모두가 하나 되는 듯한 경험은 오래 기억에 남을 것이다.

함께 시를 읽고 그가 안내하는 곳으로 찾아가며, 그 시대를 살아갔던 사람들과 시인이 가져야 하는 시대정신을 이야기한다. 시인은 사람들과 함께 아파했고, 방치하지 않았으며, 시로 사람들과 함께했다. 창비시선 405 『우리는 좀더 어두워지기로 했네』 이설야 시인이다. 시인과 만나고 돌아오는 길, 만나지 못했던 시간만큼 각자의 시간들을 살아냈음에 감사하며, 그 시간만큼 다른 곳에서 다른 인연으로 만난 사람들을 소환해보고 싶다는 생각을 했다. 또한 나는 그 시간들 속에 어떤 장소를 기억하고, 간절히 이야기하고 싶은가 물어보게 되었다.

울산에서 이어지는 엄대섭의 도서관 정신

2018년 4월 26일에 울산도서관이 문을 열었다. 개관을 기념하여 간송 엄대섭 기획전시 및 강연이 7월 26일까지 지역자료실에 마련되었다. 울산 출신인 엄대섭은 한국 도서관 운동사에 잊을 수 없는 민간 도서관운동가로 기억된다. 특히 전국에 문고 3만여 개를 만들며 사람들의 문해 교육과 독서회

△ ▷ 울산도서관

조직을 일군 업적은 지금까지 유래를 찾아볼 수 없을 정도다. 엄대섭은 공공도서관의 필요성을 부르짖었으며, 더 많은 사람이 공공도서관을 이용하고 국가가 그 책임을 맡을 수 있도록 도서관 조직의 기반을 잡아나가는 역할을 했다. 우리나라 공공도서관 운동사에서도 빼놓을 수 없는 중요한 인물이다.

특히 도서관 전문인이 아님에도 도서관이 갖추어야 할 세 가지 중요한 요소인 공간, 장소, 인력의 문제를 중심에 놓고 마을마다 청년 중심의 독서회를 구성해 마을문고를 관리하고 운영하게끔 하였다. 이런 노력 덕에 마을문고가 전국에 퍼질 수 있었다. 그는 온갖 수고스러움에도 사재를 털어가며 독서운동과 도서관 발전에 인생을 바쳤다. 그를 기리는 울산도서관의 개관 특별전시는 마을문고의 역사를 볼 좋은 기회였다. 엄대섭 선생이 간절히 꿈꾸었던 공공도서관이 지역 대표 도서관으로는 가장 큰 규모인 장서 14만 권을 갖추고 새롭게 건립되었다.

최첨단 시설과 쾌적한 환경을 갖춘 울산도서관의 모습은 새롭게 변화하고 발전하는 도서관의 미래를 담고 있다. 별도의 전시실과 공연장뿐 아니라 자료실 중심의 공간 구성, 잘 꾸며진 카페까지 갖추고 있다. 지역에 많은 장서를 갖추고 쾌적한 독서 공간을 갖춘 공공도서관이 생겨나는 것은 환영할 일이다. 더불어 이러한 도서관을 갖게 되기까지 지역에서 노력해준 작은도서관이 있다. 엄대섭 선생의 정신을 누구보다 깊게 이어가고 있는 사람들이라 생각된다. 울산 북구 양정동에 위치한 양정 작은도서관 달팽이(관장 하현숙)는 2010년 개관 이후 새롭게 리모델링해 지금의 위치에서 2012년 재개관을 하였다. 작은도서관이라기에는 제법 규모가 있다. 장서도 1만 4000여 권을 갖추고 있다.

양정 작은도서관 달팽이 운영에 함께하는 사람들은 운영위원회, 그리고 독특하게도 정년퇴직한 공무원 봉사단인 상록봉사단이 있다. 그리고 가족봉사단, 자율봉사단으로 나뉘어 도서관 살림살이를 함께 돕는다. 요사이에는 하현숙 관장의 사랑을 독차지하고 있는 도서관 고양이 듀이도 홍보에 한 몫한다. 양정 작은도서관 달팽이는 "책을 통해 나를 발견하고 나와 우리의 삶을 풍요롭게 채워나가는 도서관이 되고자 한다"는 운영 철학을 중심에 놓고 활동하고 있다. 눈에 띄는 활동으로는 'TV보다 잼 나는 도서관'이라는 제목을 달고 한 달에 한 번 빛그림과 옛이야기와 동요를 배우는 시간을 갖는 것이다.

가족이 모여 즐겁게 도서관 문화를 만들어가는 모습이 정겹다. 또 2017년 상주 작가 사업에 선정되어 동시 작가 김이삭과 수필가 배혜숙이 직접 이용자들과 만나는 기회를 마련하였다. 작가들은 작은도서관을 이해하게 되고, 이용자들은 작가와 더욱 가까운 거리에서 함께 시를 쓰고, 동시 나들이를 가고, 수필을 쓰는 좋은 기회였다. 양정 작은도서관 달팽이가 더욱 빛나는 것은 이런 좋은 활동을 지역의 작은도서관과 함

△▽ 울산 양정도서관

께하고자 했다는 것이다. 울산시 북구 작은도서관협의회는 지역 작은도서관이 서로 힘이 되어주는 일에 앞장서고 있다. 울산에서 엄대섭은 영원히 살아 있는 듯하다.

마을이 너무 좋은 대구 작은도서관 사람들

대구에는 대구마을도서관네트워크가 있다. 사립 공공도서관(어린이청소년도서관 더불어숲, 새벗, 꿈꾸는마을도서관 도토리)과 작은도서관(마을도서관 햇빛따라, 책마실, 옹달샘, 한들마을, 만평마을, 반야월행복한어린이도서관 아띠)이 2014년 10월에 '책으로 마을공동체를 살리자'라는 취지로 모이기 시작했다. 우리나라 사립 공공도서관 1호관이라 할 수 있는 새벗도서관을 비롯하여 마을의 모든 일에 발 벗고 나서는 마을도서관 햇빛따라, 책마실, 꿈꾸는마을도서관 도토리는 오늘도 네트워크의 취지에 맞게 '책'으로 하나 되는 마을공동체를 만들기 위해 노력하고 있다.

대구는 다소 보수적인 성향을 가진 도시로 알려져 있다. 또한 교육 중심의 도시를 표방한다. 그러나 도심과 외곽의 편차는 교육과 생활 전반에서 불균형을 낳고 있다. 더욱 치열한 경쟁 속에서 아이들과 어른들은 힘겨운 삶을 살아가고 있다.

이럴 때 휴식이 가능한 마을 안으로 들어왔을 때 함께 웃고 기댈 수 있는 동네 이웃을 만드는 곳이 바로 작은도서관이다.

대구시 북구 동천동에 위치한 책마실도서관(관장 손수정)은 대구풀뿌리여성연대 부설로 운영되고 있는 도서관이다. 지역 여성들이 모여 성적으로 평등하고 안전하며 친환경적인 마을 만들기를 모토로 활동해왔다. 특히 책마실도서관은 수달이 살고 있는 팔거천을 살리는 운동에 적극적으로 참여하고 있다. 인근 학교와 어린이집, 유치원생들과 연계하여 팔거천에 EM 효소를 뿌려 더러워지는 팔거천을 생태적으로 살리려는 노력에 주민들 스스로 참여할 수 있도록 교육하고 실천하는 활동에 앞장서고 있다.

1997년 9월 대구시 서구 비산동에 서구문화센터가 생겼다. 지금은 마을공동체 '좋은이웃'으로 이름을 바꾸었다. 마을공동체 좋은이웃은 주민들의 참여로 만들고 성장하는 공간으로, 이웃과 정겹게 눈을 맞추고 서로 나누고 돕는 생활공동체를 지향한다. 주민들의 삶의 질 향상을 위해 노력하고, 지역 학부모들의 다양한 문화교육 사업을 통해 의식의 성장을 도우며, 주민 참여를 위한 각종 제도와 정책 대안을 연구하고 실천해나가는 단체다. 2009년 부설로 햇빛따라도서관(관장 김은자)을 만들어 운영하고 있다. 대구시 서구에 제대

△ ⓒ책마실도서관

로 된 공공도서관은 비산도서관(2016년)과 비원도서관(2018년 5월)이 있다. 그동안 햇빛따라는 도서관 환경이 척박한 대구 서구에서 오랜 기간 주민들의 읽을 권리를 보장하며 주민과 함께 도서관 문화를 만드는 활동을 지속해왔다. 그 결과가 지금 공공도서관 건립으로 결실을 본 것이다. 이제 작은도서관으로서 햇빛따라만의 역할을 고민하며 공공도서관과 함께 지역 독서문화를 만들어가는 일을 모색하고 있다.

대구시 동구 신기동에 가면 반야월 행복한어린이도서관 아띠(친한 친구)가 있다. 딱 부녀회장 같은 느낌의 김연희 관장이 2017년까지 운영하다 올해부터 김수민 관장이 이어서 활동하고 있다. 신도시 속 꼭꼭 숨겨둔 마을처럼 아띠가 위치한 동네는 사람 냄새가 풍겼다. 좋은 것이 있으면 같이 나누어 먹고, 작은 재주라도 있으면 도서관에서 공유한다. 달 밝은 밤이면 동네 사람들과 달빛걷기를 하다 마을 어귀에 앉는 곳이고, 시제를 주면 가족 모두가 시를 짓고 낭독하고 발표하는 곳이다. 그렇게 결코 쉽지 않은 작은도서관 활동을 10년째 이어오고 있다. 공동육아 어린이집, 지역 내 방과후 마을학교, 유기농 매장, 지역 대동계, 주택 공동조합, 대구마을도서관네트워크까지 사람의 정이 흐르는 마을은 주민 스스로 채워가려는 노력 속에 한 걸음씩 나아간다. 맞춘 걸음으로 만들어낸 것은 지역 축제, 김장 나눔, 아나바다 장터다. '아이들과 어른 모두 건강하게 살기 좋은 마을은 우리 스스로 만들어간다'는 모토의 중심에 작은도서관 아띠가 있다.

2부

작은 도서관, 어떻게 운영할까?

작은 도서관에게 제안합니다

전국의 작은도서관들은 새해의 시작을 전년도 운영실태조사 및 평가 작업으로 시작한다. 2012년 작은도서관진흥법 제정 이후 통계 시스템을 갖추고 해마다 현황에 대한 조사를 실시하여 정책 및 지원 사업에 반영하고 있다. 이러한 통계 작업을 통하여 실질적인 작은도서관의 변화 추이를 살펴볼 수 있는데, 최근 3년간 작은도서관의 변화로 눈에 띄는 것은 사립 작은도서관 운영 주체 중 아파트 작은도서관이 가장 많은 수를 차지한다는 것이다. 주거의 형태가 공동주택으로 변화하고 있으며, 신도시 역시 아파트 단지 중심으로 개발되기 때문이다. 아파트의 경우 1994년 이후 작은도서관이 공동시설로 의무 설치 기준을 갖게 되었는데, 2012년 이후에 작은도 서관이 체계적으로 관리·운영되기 시작하면서 눈에 띄게 수가 늘어났다고 볼 수 있다.

지원만으로 활성화하기는 어렵다

 2012년 작은도서관진흥법 제정 이후 많은 지방자치단체들이 조례를 제·개정하여 작은도서관 진흥에 힘을 쏟고 있다. 작은도서관 진흥에는 조성과 더불어 작은도서관을 활성화하기 위한 지원사업들이 포함된다. 그러나 여전히 아쉬운 것은 작은도서관의 지속적 발전을 위한 고민과 공공도서관과의 협력 체계를 어떻게 갖추어야 할지 명확한 해답을 내놓지 못한다는 점이다.

 작은도서관 지원이 장서와 기자재 구입, 독서 프로그램 운영비 지원의 범위에서 많이 벗어나지 못하는 것이 현실이다. 여전히 공립과 사립 작은도서관의 비율이 20 대 80 정도(2017년 작은도서관 운영실태조사 및 운영평가 결과보고서 기준)인 상황이고, 운영 주체에 따라 운영 방식이 달라 효율적인 지원책을 찾지 못하고 있다.

 나날이 경제가 어려워지고 있음을 체감해가는 현시점에

서, 공공도서관을 포함하여 모두가 안정적인 운영을 보장받기는 힘들다. 우선 공공도서관의 인력이 줄어들고 있다. 운영 인력의 안정적인 확보는 작은도서관뿐 아니라 공공도서관에서도 고민해야 할 시급한 과제이다. 인천광역시의 경우 작은도서관의 전문적인 운영 부실을 보완하기 위한 조치로 '순회사서 제도'를 실시했으나 관련 예산이 시행 1년 만에 사라졌다. 또한 기존의 도서관도 다른 정책이 우선순위가 됨에 따라 없어져야 하는 상황에 처해 있는 형편이다. 우리나라 최초의 어린이도서관인 사직어린이도서관은 사직단 복원이라는 핑계로 아무런 이전 대책도 없이 사라질 위기에 처해 있다.

2017년 현재 전국에는 6058개의 작은도서관이 있다. 작은도서관 관계자들이 모두 마주 앉아 허심탄회하게 이야기하는 대토론회 자리가 마련되면 좋겠다. 작은도서관은 아직 이런 자리가 마련된 적이 없었다. 지역마다 상황이 다르고, 공립과 사립의 운영 방식이 다르고, 운영 주체에 따라 지향하는 바가 달라도 작은도서관이라는 이름으로 모여 서로의 다름을 확인하고 인정해주며 서로가 쌓아온 장점들을 공유하는 한마당이 마련되기를 기대한다.

작은도서관 관련 입법 주체는 작은도서관 운영자

지금 작은도서관의 지속적 발전과 관련해서 가장 중요한 내용이 담기는 도서관법 개정이 진행되고 있는 것도 관심을 가져야 할 부분이다. 도서관문화발전 국회포럼(2014.7.2. 도서관문화발전 국회포럼 제4차 정책포럼)과 한국도서관협회 법제위원회가 중심이 되어 도서관법 전면 개정에 대한 연구를 진행하였다. 하지만 여전히 도서관법 개정안은 국회에 계류 중인 상황이다. 가장 중요한 사안 중 하나가 공공도서관에 대한 정의 부분이며, 여기에는 작은도서관도 포함된다.

개정 도서관법안에 작은도서관이 어떻게 정의될 것인가를 정하는 주체는 바로 작은도서관 운영자들이 되어야 한다. 그리고 작은도서관 운영자들의 입장에서 작은도서관에 대한 올바른 법률적 정의가 내려질 수 있도록 토론이 먼저 이루어져야 한다. 현행 작은도서관진흥법의 존속 여부도 결부된 문제인 만큼 작은도서관이 주체적으로 이 문제를 바라보고 대안을 제시하는 토론을 늦춰서는 안 된다.

한국의 작은도서관은 유럽이나 미국 등에서 그 사례를 찾아볼 수 없을 만큼 특이한 형태로 변화·발전하고 있다. 우리나라만의 공공도서관 발전사와 더불어 지방자치제도가 정착됨에 따라 도서관 업무가 지방으로 이관된 상황과 맞닿아 있기 때문이다. 한국만의 특수한 상황이 언제까지 지속될 것인가를 밝히는 주체가 작은도서관 운영자들이 되어야 공공도서관과 작은도서관이 함께 발전할 수 있을 것이다. 작은도서관들이 개별 도서관의 운영 문제를 뛰어넘어 폭넓은 시선으로 향후 한국적 작은도서관의 지속적 발전을 함께 모색할 수 있는 자리들을 마련했으면 한다.

　작은도서관의 일상은 무척 바쁘다. 장서 정리, 이용자 맞이, 소모임 운영, 프로그램 진행, 지역네트워크 추진, 마을 이웃과의 공동사업 등을 진행한다. 그러나 쉼 없이 달려가기만 하면 회의가 느껴질 수 있다. 작은도서관 운영자들이 지치지 않고 한 해 한 해 더욱 행복해지고 의미 있는 삶이라 생각하며 살아갈 수 있기를 바란다.

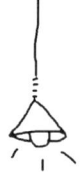

작은도서관
장서 점검
이렇게 해봐요

봄이 오고 있다. 모두 한 살씩 새롭게 나이를 먹는다. 방학 동안 신나게 도서관을 찾던 어린이들도 다시 학교로, 어린이집과 유치원으로 돌아갔다. 한동안 들썩거리며 정신없이 돌아가던 도서관도 오전 시간에는 조금 한적하다. 이제 새로운 계획과 출발을 위해 준비가 필요하다. 올해 도서관에서 가장 중점을 두고 추진할 계획이 무엇인지 생각해보고, 새로운 계획에 맞추어 도서관 외형도 단장해야 한다. 새롭게 문을 여는 작은도서관도 있을 테고, 개관 1주년이 된 곳도 있을 것이다. 또 시간이 이렇게 빨리 지났나 느껴질 정도로 개관한 지 10년이 넘는 작은도서관도 있을 것이다. 각각 연차는 다르지만 3

월에는 잠시 도서관을 살펴보며 장서에 눈을 돌려보자고 제안한다.

기증 도서 장서 등록하기

2017년 전국의 6058개 작은도서관을 대상으로 한 실태조사 분석 결과 소장 도서 자료는 평균 6154권으로 나타났다. 공립은 평균 9428권이고, 사립은 평균 5149권을 보유하고 있는 것으로 조사되었다. 공립 작은도서관 중 장서 수가 5000~1만 권 미만인 곳은 581개 관(41.3퍼센트)이고 사립은 1000~3000권 미만의 도서를 보유한 도서관은 1565개 관(33.6퍼센트)으로 나타났다.

소장 도서 자료가 평균 5000권 정도가 될 때 이용자에게 대출 서비스를 진행하는 것이 바람직하다. 이미 전국 작은도서관의 79.8퍼센트에 해당하는 4836개 도서관이 관외대출을 하는 것으로 나타나고 있으며 공공도서관과 상호대차를 하는 곳들도 점점 늘어나고 있다.

소장 도서의 수적인 확보와 더불어 양질의 좋은 도서를 갖추려고 하는 노력이 작은도서관에서는 무엇보다 중요하다. 부족한 서고에 이용이 부진한 도서가 쌓여 있다면 이용자들도 불편할 뿐 아니라 장서 관리 측면에서도 바람직하지 못하다.

　이제는 작은도서관이 어떤 장서를 어떤 기준으로 선택하여 서가에 배치하는지, 또한 이용자들의 선호도는 어떻게 반영되어 새로운 장서 선택 기준으로 적용되는지 돌아봐야 할 때다. 여전히 작은도서관의 실태 조사와 평가 기준에서는 장서 수가 중요하지만, 해마다 장서를 어떻게 늘리고 있는가를 돌아보는 것이 실은 더 중요하다.

　초기 작은도서관 운영자들은 서가에 도서를 채우려고 많은 노력을 할 것이다. 그러나 빠듯한 예산 탓에 때를 맞추어 신간을 구입하기란 쉬운 일이 아니다. 더욱이 도서정가제 이후 예산 대비 도서 구입 양이 줄어들었다.

　상황이 이렇다 보니 기증 도서에 관심이 모인다. 가정에서 보던 책은 상태가 양호한 편이다. 이제 읽을 시기가 지나거나 혹은 충분히 읽어서 기증되는 소중한 도서를 어떤 기준으로 선별하여 도서관의 장서로 등록할 것인가 하는 질문이 있어야 한다. 개인에게는 소중한 기억이 담긴 책이겠지만 모두 기증 도서로 등록해야 하는 건 아니다. 기증 도서를 도서관 장서로 등록할 때 필요한 원칙을 살펴보자. 첫째, 우리 도서관에 없는 도서인가? 둘째, 책 상태가 양호한가? 셋째, 출판 연도는 언제인가? 넷째, 다양한 이용자에게 필요한 도서인가?

이 원칙에 따라 장서로 등록하고, 등록되지 않은 도서는 필요한 사람들이 돌려볼 수 있도록 서가 한쪽에 자리를 마련하는 것이 좋다. "000님이 기증해주셨습니다. 함께 돌려보면 좋겠습니다"라는 문구를 옆에 써넣으면 기증한 사람도 기분이 좋다. 장서 증가에 대한 평가를 할 때도 수량만 보지 말고 신간은 몇 권인지, 기증 도서로 등록된 도서는 몇 권인지 수치화하는 것이 필요하다.

분실·훼손·연체·폐기 도서 처리하기

운영 경력이 쌓인 도서관들은 장서를 채워 넣을 서가가 부족해 고민한다. 공간이 넉넉하다면 서가를 더 들이면 되지만, 열람 공간이 협소한 작은도서관의 사정상 서가를 확보하기가 쉽지 않다. 따라서 정기적으로 장서 점검을 해야 한다. 이용자들이 적은 개학 이후가 장서 점검을 하기 좋은 시기이다. 장서 점검을 통해 분실 도서, 훼손 도서, 장기 연체 도서, 폐기 도서를 분리해내자. 어려운 작업이기는 하나 도서의 이용 빈도를 확인하는 것도 필요하다. 이는 이용자의 흐름을 파악하고 도서의 상태를 점검하여 장서 계획을 수립하는 데도 유효한 방법이다. 따라서 연 1회 장서 점검을 권한다.

분실 도서는 구입 목록에 넣을 것인지 확인하고, 장기 연체 도서는 이용자에게 전화와 문자로 연락하여 반납할 수 있도록 한다. 훼손 도서가 절판 도서라면 수선이 필요하지만, 이용이 잦아 훼손된 것이라면 폐기 목록에 넣고 다시 구입 도서 목록에 넣어 등록한다. 복본인 경우는 폐기 목록에 넣는 것이 일반적이다.

좋은 책임에도 이용 빈도가 낮다면 생각할 여지가 많다. 폐기 목록에 넣기 전에 함께 읽어볼 기회를 마련해보길 권한다. 이용자들은 도서관에서 특별히 전시되거나 독서문화 프로그램을 통해 소개된 책에 관심을 보이는 경우가 많다. 소장 도서 중 특별히 좋고 함께 읽기를 권하고 싶은 도서는 따로 컬렉션을 마련하여 소개한다. 서가나 테이블에 전시하고 함께 읽는 기간을 정하여 이런 책이 있었다는 사실을 이용자들이 새롭게 알고 읽게 만드는 노력이 필요하다.

용인 영순이의책가방, 인천 삐삐의책가방, 파주 똑똑도서관, 일산 어린이서평단, 골목책수레, 공원을 찾아가는 이동도서서비스, 책읽는 가게 등 지역 주민을 찾아가는 다양한 도서관 프로그램이 있어 눈길을 끈다. 이와 같은 사례가 확산되고, 또 다른 방식의 창의적인 작은도서관 서비스가 개발되었으면 한다. 또 지역 안에서 공공도서관과 작은도서관의 상호대차가 진행되는 곳이 많다. 상호대차가 확대되면 작은도서관들이 지역에서 어떠한 특성을 가지고 장서 구축을 하는지 더욱 분명하게 확인할 수 있다. 작은도서관이 좀더 체계적으로 발전하려면 지역 특성을 살려서 작은도서관마다 특색 있는 장서를 보유하는 방법 등을 논의해야 한다. 그래서 이용자가 지역 안에서 언제나 편하게 다양한 도서를 볼 수 있도록 해야 한다.

기회가 된다면 한 지역에 있는 작은도서관의 소장 도서가 한국십진분류법 기준으로 어떠한 분야에 얼마나 있는지를 파악해보자. 작은도서관의 장서는 문학책이 많을 것으로 예상되지만 이를 정확하게 조사해본 적은 없는 것으로 안다. 각 분야별 소장 도서의 수량을 비교하여 어떻게 구성되었는지를 파악하다 보면, 지역 안에서 이용자들의 독서 경향과 앞으로의 장서 구축 방향을 세우는 데 도움을 받을 수 있을 것이다.

작은도서관의 책들은 이용자가 찾아와 말을 걸어주길 기다리고 있다. 우리 도서관에 어떤 책들이 어떤 모습으로 있는지 다시 한번 살펴보자.

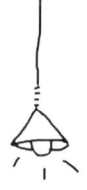

책 읽고 싶어지는
독서 프로그램
만들기

서울의 한 작은도서관을 방문했다가 초등학교 5학년 남자아이를 만났다. 학원 가기 전에 잠깐 도서관에 들렀다는데, 펼쳐놓은 독서노트를 보고 적잖이 놀랐다. 깔끔한 글씨와 세심하게 그려 넣은 그림이 무척 훌륭했다. 쑥스러워할까 봐 언뜻 봤는데, 물고기 한 마리가 여유롭게 노닐고 있는 어항 그림이 보였다. 아이는 물고기가 자랄 수 있게 환경을 만들어주는 수초어항을 아빠에 비유했다. 아이의 생각에 공감한다. 작은도서관에서 어린 동생들을 돌봐주는 도우미를 한다니 아이가 더욱 대견스러워 등을 두드려주며 "잘 커라" 했다. 어려운 환경에서도 10년 동안 한자리에서 작은도서관을 운영해온 분들이 이 아이를 '도서관의 아이'로 자라게 한 것이다.

누구에게 맞는 어떤 프로그램을 계획할 것인가

작은도서관을 운영하다 보면 이용자들의 독서 성향을 어느 정도 파악하게 된다. 작은 공간은 이용자와 운영자의 밀착도를 높여준다. 이것이 작은도서관의 가장 큰 장점이다. 이용자들이 관심 있어 하는 분야의 책들을 적절한 시기에 읽을 수 있도록 안내하는 역할을 할 수 있어 운영자로서 보람을 느낀다.

작은도서관의 독서문화 프로그램을 기획하는 과정에서 먼저 생각할 것은 '책'이다. 그런데 책이 빠진 기획이 범람하는 것이 현실이다. 흔히 독서지도라는 말을 많이 쓰는데, 민간자격증으로 발급되는 독서지도사가 수없이 배출되고, 사교육 현장에서도 다양한 형태로 독서지도가 존재한다. 도서관에서도 독서지도라는 이름의 프로그램이 독서문화 프로그램의 대부분을 차지한다. 그러나 지도라는 말은 위계적이고 권위적이다. 잘 모르는 약자와 좀더 아는 강자의 관계에서 해답이 있는 답안을 요구하고 정답을 이야기해야만 잘된 독서지도가 된다. 독서지도에서는 책 읽는 즐거움이 사라진다. 이처럼 학습 같은 책읽기를 하다 보니 평생 꾸준히 책을 읽기가 힘들고 책과 멀어지게 된다.

　작은도서관의 독서문화 프로그램은 사람들에게 책을 읽고 싶게 만들고, 새로운 에너지를 발동시키는 계기가 되어야 한다. 그러려면 독서문화 프로그램이 일방적이지 않아야 하며, 이를 위해 많은 고민과 노력이 필요하다.

　지역의 특성, 주 이용자층, 주 이용 시간대 등을 사전에 파악해야 좋은 기획이 나올 수 있다. 때로는 새로운 이용자층을 형성하기 위한 기획도 필요하다. 농촌에 있는 작은도서관이라면 어르신들의 문해 교육이 가장 중요한 독서문화 프로그램이다. 책은 읽는 방법을 알아야 이해할 수 있기 때문이다. 또 이용자 중심으로만 생각하여 영유아 및 초등학교 저학년 대상의 독서문화 프로그램만 기획하는 경우가 많은데, 학교 교육과 사교육에 지친 고학년과 청소년 대상의 프로그램도 시도해보자. 주말에는 성인 남성을 위한 독서문화 프로그램을 기획해보는 것도 좋다. 도서관 이용이 가장 취약한 대상을 향한 고민을 통해 보다 창의적이고 재미있는 독서문화 프로그램이 만들어질 수 있다. 실패를 통한 경험의 축적은 언제든 다시 원점보다 앞선 출발을 하게 만드는 힘을 준다.

이용자를 대상화하는 것은 금물

　대다수 작은도서관에서 '책읽어주기 프로그램'을 진행한다. 운영자가 직접 읽어주거나 자원활동가들이 돌아가며 읽어주는 경우가 대부분이다. 이를 좀더 발전시켜, 참여하고자 하는 아이들의 부모도 함께할 수 있도록 기획해보자. 우선 프로그램 참여를 희망하는 부모를 위한 강좌를 열어 아이 연령대에 맞는 좋은 책을 추천한다. 읽어주기에 앞서 주의할 점을 알려주고 시연을 통해 아이들이 무엇을 얻을 수 있는지 미리 체험해본다. 이를 토대로 부모들은 책 읽어줄 순서를 정하고, 그 프로그램을 책임지는 형태로 기획해보는 것이 필요하다. 또한 아이들이 읽을 책을 도서관에 전시하고, 책을 정하는 작업에도 참여하는 방안을 마련하여 아이를 대상화하는 작업을 멈추자. 아이가 프로그램에 참여하는 동안 부모노 책을 읽을 수 있도록 권하면 더욱 좋다.

　책의 원작이 바탕이 되어 그림이 그려지고, 노래가 만들어지고, 연극으로 각색되고, 영상에 담기고, 인형으로 제작되고, 벽화나 큰 그림책으로 만들어지는 과정 모두 새로운 창작물이 된다. 나뭇가지를 모아 숲의 요새를 만들고, 그 안에서 함께 듣는 권정생의 『엄마 까투리』 이야기, 토닥토닥 나를 위로해줄 걱정인형 만들기, 도서관 벽에 내가 제일 좋아하는 책

속 주인공 그려 넣고 사진 찍어보기, 책의 배경이 된 장소에 가보는 문학기행, 역사 이야기를 아트북으로 만드는 작업 모두 신나고 재미있는 창작물이 제작되는 과정이다. 이처럼 독서문화 프로그램은 자연스럽게 참여자들의 창작 활동에 불을 붙이는 작업이어야 한다.

작가와 함께하는 독서문화 프로그램을

　작은도서관에서 진행하는 '작가와의 만남'은 이용자뿐 아니라 작가에게도 상당한 자극이 된다. 작가가 창작에 대한 여러 과정을 안내함으로써 독자인 이용자들은 더욱 친근하고 자세하게 책을 읽고 이해할 수 있다. 또한 작가 역시 소수의 진정한 독자를 만나는 기회이기도 하다. 진솔한 질문과 답변의 과정을 통해 작가도 독자들의 다양한 반응을 들어볼 수 있다.

　『곰 사냥을 떠나자』(공경희 옮김, 시공주니어, 1994)의 글작가 마이클 로젠은 수시로 학교를 방문하여 어린이들에게 이야기를 들려주는 활동을 진행한다. 그가 아이들에게 이야기를 들려주는 모습은 EBS 〈세계의 교육현장〉이라는 프로그램을 통해 볼 수 있다. 그가 직접 운영하는 누리집에서도 만날 수 있다.(www.michaelrosen.co.uk) 이용자들에게 작가를 만날 수 있는 기회의 폭을 넓혀주는 다양한 방법을 고민해보자. 이를 위해 출판사 문을 두드려보자.

독서문화 프로그램에서 가장 중요한 목표는 지속성을 갖게 하는 것, 자발성을 높이는 것, 그리고 다시 사회로 환원하는 활동을 하게 하는 것이다. 따라서 인기 위주로 기획하기보다는 좋은 인연을 만들고 그들이 함께 책에서 받은 자극을 사회적 활동으로 전환할 수 있도록 해야 한다. 작은도서관에서 좀더 고민을 가지고 좋은 독서문화 프로그램을 기획해보면 좋겠다. 좋은 기획일수록 많이 홍보하고 전파해보자.

작은도서관의 예산

나라 살림이건 집안 살림이건 넉넉하고 풍족하다는 이야기를 듣기가 힘들다. 그만큼 경제가 어렵다. 일자리를 구하기가 힘들다. 40대 중반에 퇴직한 가장들이 늘고 있다. 정규직보다는 계약직, 임시직, 단순노무직 등 불안정한 일자리에 가정을 책임져야 하는 사람들의 어깨는 나날이 아래로 쳐져만 간다. 사회복지 예산이 줄어들어 극빈층과 노인층이 위협받는다는 소식을 접할 때마다 한숨만 늘어 간다.

도서관 운영이 지속가능할 수 있을까?

한 해를 설계하는 작은도서관 운영자들 입장에서는 전반적인 사회 경제의 어려움이 도서관 운영의 어려움으로 체감될 것이다. 공립 작은도서관도 운영 예산이 줄어 자료 구입과 독서문화 프로그램 운영에 대한 고민을 할 것이다. 하지만 더 큰 문제는 사립 작은도서관이다.

2017년 전국 작은도서관 운영실태조사 결과에 따르면 전국의 작은도서관은 한 곳당 평균 1199만 원의 예산을 지출하는 것으로 조사되었다. 1개월을 기준으로 보면 100만 원이 채 안 된다. 지출 내역은 인건비와 운영비 그리고 도서 구입비 순으로 나타났다. 도서관의 지출 중 자료 구입비가 가장 적은 것이다. 더불어 인건비 역시 1인 고용체계도 갖추지 않은 상황에서 무급 명예직 관장과 자원활동가가 운영하며, 예산의 범위에서 자원봉사자의 실비 정도가 지급되고 있는 상황으로 파악된다. 작은도서관의 인건비는 고용노동부에서 제시한 시간당 최저임금 8350원(2019년)을 기준으로 임금 1,745,150원을 맞추어 지급하는 경우는 거의 없다고 보인다. 과연 작은도서관은 인력 없이 운영되는 공간인가? 이런 의문이 들 수밖에 없다. 이 문제는 작은도서관의 지속성과도 깊은 연관이 있다. 최근 작은도서관에서 활동할 자원봉사자를 구할 수 없어 운영 시간을 축소하거나 폐관하는 곳들이 많이 늘어나고 있다. 따라서 인력에 대한 정책 대안을 요구하는 목소리들이 작은도서관 현장에서 많이 들리고 있다. 특히 사립 작은도서관의 경우 운영자들은 명예직에 가깝다. 예산을 만들어야 하는 입장이라 자신의 인건비를 작은도서관 예산에 책정하기도 어렵다. 1인 운영 체제라고 해도 기본적인 운영비 예산을 마련하기도 힘든 상황이다.

같은 결과보고서에서 전국 사립 작은도서관 수입원을 살펴보면, 행정기관 지원이 33.1퍼센트, 회원 회비 및 이용료가 6.3퍼센트, 후원금 30.7퍼센트, 자부담 31.9퍼센트, 기타 12.9퍼센트로 조사되었다. 수입원에 후원금과 자부담 부분이 많은 것으로 보인다. 이는 경제가 어려워질수록 사립 작은도서관 운영의 불안정성이 그대로 드러날 수밖에 없는 상황을 말하고 있다. 사립 작은도서관의 자부담 비율이 높다는 것이 운영의 자율성을 확보한다는 측면에서는 장점일 수 있다. 그러나 회원 회비 및 후원금이 별도 항목으로 있는 조사 결과를 보면 사립 작은도서관의 운영자들이 어떻게 자부담을 해결하는지 궁금하다. 이 문제가 지속적인 운영을 가로막는 큰 장애물이자 걸림돌이 될 것 같은 우려가 앞선다.

2012년 작은도서관 진흥법 제정 이후 지방자치단체에서 작은도서관을 지원하기 위한 조례를 마련하고, 평가를 바탕으로 예산을 지원하는 곳이 늘어나고 있다. 작은도서관 운영을 활성화하고 지속적인 운영을 보장하기 위한 다양한 정책이 논의되었지만 현장에서 느끼는 지원은 여전히 아쉬운 점이 많다. 그 이유는 과연 무엇인가?

작은도서관 운영 문제, 사람이 열쇠

작은도서관 운영에서 가장 소중하고 중요한 부분은 '사람'이다. 지역 공동체 형성의 가장 소중한 공간인 작은도서관에서 서로의 부족한 부분을 채워나가기 위해 상호 협조하고 힘을 보태는 것, 그것이 지역사회의 일원으로 함께 만들어가는 좋은 세상을 위한 유의미한 활동이기에 많은 작은도서관에서 자원활동가들이 힘을 보태고 있다. 헌신만이 요구되는 작은도서관 활동에 조금이라도 보답할 방안은 없을까? 지역활동을 할 수 있는 우수한 인력이 재생산되는 작은도서관 현장에서 사람에 대한 지원책이 현실적으로 마련되었으면 하는 것이 많은 사립 작은도서관 운영자의 바람이다. 공간과 장서가 갖추어져 있지만 운영할 인력이 없어 등록만 하고 운영하지 못하는 작은도서관을 많이 접한다. 또 운영 시간을 채워

봉사해줄 자원활동가를 만나지 못해 운영 시간을 단축하는 사례도 많다. 모두가 '사람' 문제인 것이다.

작은도서관 지원 사례 중 경기도 내 지방자치단체에서 우수 평가 등급을 받은 작은도서관의 경우 지원금의 일부를 인력 지원으로 사용할 수 있게 하였다. 또한 모 재단의 경우 작은도서관에 인건비를 지원하여 안정적인 운영을 돕기도 한다. 지방자치단체뿐 아니라 기관이나 지역 기업이 사회공헌 차원에서 작은도서관 운영을 지원하는 사례가 더 많은 지역과 작은도서관으로 확대되기를 바란다.

자료 확충을 위한 예산 수립과 계획

작은도서관 예산에서 인건비와 더불어 중요하게 다루어야 할 부분이 자료 확충 예산이다. 2015년부터 2017년까지 3년간 연간 증가 장서 수를 살펴보면, 각각 602권, 586권, 551권으로 해마다 줄어들고 있음을 알 수 있다. 이러면 작은도서관의 존재 이유가 흔들릴 수 있다. 이용자들이 1년 동안 단 한 권의 신간도 접할 수 없다면 그 도서관을 이용하고 싶지 않을 것이다. 작은도서관 예산 편성 계획에서 분기별이든 월별이든 전체 도서 구입 예산을 수립하여야 한다. 자치단체의 지원 내역 중 도서 구입 예산 지원이 많은 부분을 차지하는데, 이와 더불어 작은도서관에서 확보할 예산에 대한 별도의 계획이 수립되어 이용자들에게 더 나은 도서 자료를 제공하려는 노력을 기울여야 한다.

인건비나 도서 구입비 모두 예산을 어떻게 확보할 것인지가 관건이다. 그러나 필요 예산을 계획하는 것이 먼저다. 예산이 적어서 계획을 세울 필요가 없다는 작은도서관도 있을 수 있다. 그러나 해마다 어떤 수입원을 가지고 어떻게 지출할 것인가에 대한 전체 예산 운영 계획을 마련하는 것이 필요하다. 수입 항목은 무엇이고 지출 항목은 무엇인지를 계획하다 보면 일의 우선순위를 정할 수 있다.

월별 지출 현황을 공개하는 것도 필요하다. 작은도서관을 후원해주는 분들에게 후원금이 어떻게 사용되는지 공개하는 것을 원칙으로 삼아야 한다. 소식지나 작은도서관에서 운영하는 카페나 블로그, 홈페이지 등을 통해 공개하여 현재의 재정 상황을 공유하는 것이 투명하고 바람직한 운영 방향을 잡는 데 도움이 된다.

사립 작은도서관은 전·월세 공간에서 운영되는 경우가 많다. 따라서 이전하거나 보증금을 증액해야 하는 경우 등이 발생한다. 또한 여름과 겨울에 냉난방을 하기 위해 특별 기금을 마련해야 하는 경우도 있다. 그럴 때는 이용자들에게 알리고 특별 후원을 위한 행사를 공동으로 열어서 재정을 마련할 수 있다. 사립 작은도서관을 후원하는 사람들에게는 법인세법 시행령 제36조 1항과 법인세법 시행규칙 제18조 1항에 따라 세금 공제를 받을 수 있다는 내용을 알리고 적극적인 후원을 홍보하는 것이 필요하다. 또한 독서문화 프로그램 등 지원사업에 공모하여 선정된 예산은 특별회계로 잡아 따로 관리하여야 하며, 이때 무리한 지원 사업으로 작은도서관의 본질을 잃는 경우가 없도록 주의하여야 한다.

  지속적으로 작은도서관을 운영하기 위한 고민의 과정을 현실에 담는 것이 예산이므로 보다 세심한 노력을 기울여 계획하여야 한다.

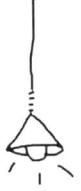

독서동아리, 작은도서관의 생명줄

작은도서관을 운영하려면 공간과 장서와 인력과 재정이 필요하다. 이 밖에 독서 프로그램도 있어야 하고, 지역 네트워크도 필요하다. 어느 것 하나 소홀히 할 수 없다. 그래도 무슨 일을 하든, 사람이 하는 일에는 사람이 가장 중요하다는 답을 찾게 된다. 작은도서관 이용도 사람이 하고, 작은도서관 운영도 사람이 한다. 또한 작은도서관에는 수없이 많은 사람이 오고 간다. 이 중에는 책임을 맡아 도서관을 운영하는 운영자도 있고 열심히 자원봉사를 해주는 분들도 있다. 어린이부터 성인, 어르신에 이르기까지 다양한 연령층의 이용자도 있다. 이들이 도서관을 찾는 첫째 이유는 '책'이다.

사람과 사람을 이어주는 독서동아리

'사람'과 '책'의 만남, 이 좋은 인연을 맺어주는 활동이 바로 독서동아리이다. 작은도서관이 사람을 얻기 위한 과정에서 가장 중요하게 생각해야 할 점이 바로 독서동아리 운영이다. 일상적인 책과의 만남, 사람과의 만남이 독서동아리로 연결되기 때문이다. 그러나 작은도서관에서 독서 프로그램은 연령별로 다양하게 만들어지지만 독서동아리 활동은 부족한 편이다.

독서 프로그램과 독서동아리의 차이는 바로 운영 방식에 있다. 독서 프로그램이 주로 전문 강사들이 지도하는 방식으로 진행된다면, 독서동아리는 구성원의 자발성과 공통의 관심사를 근거로 출발한다. 강사들이 진행하는 독서 프로그램을 매개로 한 후속 모임으로 독서동아리가 형성될 수는 있다. 그러나 많은 부분 독서 프로그램에 그치는 경향이 많아 안타깝다.

작은도서관에서 독서동아리 운영을 권장하는 이유는 다음과 같다. 첫째, 작은도서관에 소장된 다양한 책들을 안내하고 공유할 수 있다. 둘째, 작은도서관 장서 선정에 도움을 줄 집단이 형성된다. 셋째, 정기적인 모임 운영으로 작은도서관 활동에 참여할 기회와 정보를 얻을 수 있다. 이렇게 작은도서관에서 독서동아리를 운영하는 일은 사람을 만나고 사람을 얻는 과정이 된다.

　작은도서관에서 운영하는 독서동아리의 유형으로는 어린이책을 읽는 어른 모임인 그림책 읽기 모임과 동화 모임 등이 있다. 성인 책을 읽고 토론하는 모임으로는 인문학, 생태·환경, 역사, 교육 이론, 여행, 철학, 문학, 예술 등 다양한 분야의 책을 선정하여 읽는 모임 등이 있다. 영유아를 대상으로 엄마들과 함께 공동육아 모임을 진행하며 그림책을 읽기도 하고, 어린이들은 신간 평가단이나 학년별 책모임을 한다. 시간이 부족한 청소년들이 주말에 모여 읽은 책을 토론하는 청소년 독서동아리 모임 등도 운영된다. 또한 책을 매개로 2차 창작물을 생산하는 활동도 이루어지는데 책 속 주인공 인형 만들기나 연극, 그림지극, 목공, 진래놀이, 미디어, 큰 그림책 만들기, 북아트, 노래단 등 책도 읽고 문화 활동도 하는 다양한 동아리들이 운영되고 있다.

　작은도서관에서 운영되는 독서동아리가, 많은 곳은 열 개 이상이 활동하는 경우도 있다. 이렇게 동아리 활동이 활발한 곳일수록 좋은 운영 사례로 널리 알려지고, 지역에서도 우수한 평가를 받는다.

독서동아리, 어떻게 운영할 것인가?

첫째, 도서관 이용자에 대한 파악이 우선이다. 운영자는 이용자별로 자주 대출하는 책의 성향이나 가족의 연령대, 취미나 관심 분야를 수시로 질문하고 이를 기억해둘 필요가 있다. 이용자에게 동아리 활동에 대한 요구를 조사하여 일정을 잡아 한자리에 모일 수 있도록 한다.

둘째, 함께 읽을 책을 선정한다. 모임 구성원들을 배려하여 너무 무리하지 않는 수준에서 선정하는 것이 필요하다. 그러나 매번 모임 때 정한다거나 모임 초기부터 구성원들이 서로 다른 책을 선정하여 소통하기 힘든 경우에는 독서동아리 활동에 무리가 될 수 있다. 분기나 반기 정도로 나누어 계획적인 책읽기를 할 수 있도록 계획서를 작성하고 공유하는 과정이 필요하다.

셋째, 동아리 구성원의 역할 분담을 결정한다. 동아리 인원은 최소 다섯 명에서 열다섯 명을 넘지 않는 것을 권한다. 인원이 너무 적으면 토론이 활발하게 진행될 수 없고 너무 많으면 동아리 관리가 힘들기 때문이다. 동아리의 모든 일은 동아리 성원들이 공동으로 의견을 나누어 진행하고, 결정된 사항은 모두 공유하는 것을 원칙으로 한다. 따라서 동아리 구성원이 모두 한 가지씩 역할을 맡을 수 있도록 하여 한두 명에게 일이 집중되지 않도록 하는 것이 바람직하다. 대표와 총무 등 기본적인 대표성을 부여하는 사람들도 필요하며 매번 사전 발제나 토론을 위한 준비 등은 동아리 구성원들이 돌아가면서 할 수 있게 한다.

넷째, 정기 모임을 지키자. 작은도서관에서 운영하는 독서동아리 모임은 기본 주 1회일 경우 가장 안정적으로 운영되었다. 월 1회는 자칫 격월로 되다 모임이 잘 안 되어 해산하는 경우가 많았다. 주 단위 모임을 통해 책의 분량이 많을 경우 계획을 세울 때 매주 읽을 범위를 나누어 정하는 것이 좋다.

다섯째, 모임의 결과물을 발표할 수 있는 기회를 마련한다. 모임의 결속력을 높이고 작은도서관 소속 독서동아리라는 소속감을 높이기 위해 모임의 결과물을 발표하는 기회를 마련하는 것이 필요히다. 읽은 책을 전시하거나 서평을 작성하여 소식지에 실어 전하는 방법도 좋고 매번 모임 내용을 정리하여 자료집으로 묶어 보관하여 후속 모임을 구성할 때 참고할 수 있도록 하는 방법도 권한다.

마지막으로 작은도서관의 역사와 함께 독서동아리의 전통이 이어질 수 있으면 좋다. 한 해를 기준으로 기수를 정해 독서동아리의 이름은 같지만 참여자들은 달라지는 방식이다.

작은도서관의 독서동아리 활동을 통해 책을 읽고 서로의

이야기를 나누는 과정에서 상호 이해와 존중을 배울 수 있다. 모임 운영을 위한 회의 진행 방식을 배우는 과정은 바로 민주시민이 되는 훈련 과정이다.

독서동아리는 사람을 엮는 조직이다. 동아리 구성원들을 작은도서관 운영위원회나 실무위원회에 함께 참여시켜 사람을 성장시키는 일이 필요하다. 이것이 바로 작은도서관이 운영자와 함께 자발적으로 참여하는 활동가들을 모을 수 있는 방법이다. 독서동아리를 작은도서관의 생명줄이라고 하는 이유는 여기에 있다.

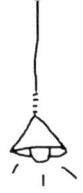

작은도서관 운영자 교육

문화체육관광부가 발표한 「2017년 전국 작은도서관 운영 실태조사 및 운영평가」에는 도서관 운영 및 관리를 전담하는 상근 직원이 필요하고, 운영자 간 워크숍과 교육을 통해 역량을 강화해야 한다고 되어 있다. 이를 위해 소통의 기회를 마련하고 운영자의 필수 조건을 강화하여 일정 자격을 갖춘 인력을 의무적으로 채용하는 등의 중장기적 활성화 방안 확립이 뒷받침되어야 한다고 한다.

작은도서관의 운영을 돌아보면 질적 성장을 위해 필요한 요소들은 인력, 예산, 교육 등에서 다양하게 찾을 수 있다. 특히 앞에서 제안한 것처럼 작은도서관 운영자 교육의 내용과 운영 방식, 이를 통해 얻을 수 있는 것들에 대해 살펴보자.

내실 있는 운영자 교육의 필요

운영자 교육의 내용에는 작은도서관의 정의와 이해, 운영의 실례, 인력 관리, 장서와 관리 프로그램 운영 실무, 지역 네트워크, 독서문화 프로그램 운영 등이 있다. 모두 운영에 필요한 내용들이다. 그러나 문제는 운영 경력이나 운영 주체, 유형에 따라 필요한 내용이 다르다는 점이다. 예를 들어 초보 운영자들이 겪는 문제와 10년 이상 경력이 있는 운영자들의 고민은 다르다. 또 개인이나 단체, 공동주택에 존재하는 작은도서관은 운영에 필요한 내용이 각각 다를 수 있다. 한 지역에서 운영자들이 필요에 따라 선택할 수 있는 교육의 폭이 한정되어 있고, 개론적인 교육 수준을 반복하는 것도 문제점으로 지적된다.

특히 공동주택 내 작은도서관이 수적으로 확대되는 상황에서 등록할 때의 운영자와 개관 이후 운영자가 달라지는 경우가 많고, 작은도서관 설치가 의무화되어 있다 보니 설치는 하였으나 운영하지 않는 곳들도 생기고 있다. 이 때문에 등록 전 주민들을 대상으로 설명회 등을 통해 작은도서관의 정의와 역할에 대한 사전 교육의 필요성이 대두된다. 공동주택뿐 아니라 작은도서관 설립을 희망하는 사람들이 등록 전에 교육을 통해 운영에 대한 비전과 계획을 세운다면, 지역에 꼭 필요한 작은도서관을 설립·운영할 수 있을 것이다.

일반적으로 도서관의 사서직 직무연수는 국립중앙도서관이 사서교육문화과를 통해 운영하고 있다. 교육의 역사와 질적인 발전을 위한 체계를 비교할 수는 없지만 6000여 개의 작은도서관을 위한 별도의 교육 시스템이 필요하다. 특히 지방자치단체별로 작은도서관 업무가 별도로 신설되거나 담당자가 지정되고, 많은 운영자와 자원활동가들이 작은도서관과 관계를 맺으며 활동하고 있기 때문이다. 지역마다 '작은도서관지원센터'를 통해 교육이 체계적으로 마련되는 방안도 생각해볼 수 있다.

운영자에게 힘을 실어주는 다양한 교육

작은도서관을 대상으로 하는 교육은 대부분 집합교육과 강의 형식으로 운영된다. 1년에 한두 차례 실시되는 것이 일반적이며, 작은도서관 업무를 담당하는 기관인 지방자치단체나 공공도서관에서 진행된다. 지역별 작은도서관 협의회가 진행하는 사례도 있다. 교육을 의무화하여 평가에 반영하고 이후 지원 기준으로 삼는 곳도 있다.

한 지역 내에서 운영자들의 교류를 위해 교육 기회를 마련하는 것은 바람직하나, 경우에 따라서는 운영자들이 선택하여 들을 수 있는 교육이 많아지고 교육 수료가 인정된다면 더욱 적극적인 교육 분위기로 바뀔 수 있을 것이다.

더불어 소규모 현장 교육, 즉 현장 실습이나 탐방, 세미나, 운영자 독서동아리 등의 활동을 유도하여 필요한 교육 예산을 지원하거나 장소를 제공할 수 있을 것이다. 또 교육 모임 홍보를 지방자치단체가 맡아 진행하는 방식도 운영자들의 교육 욕구 충족에 도움이 될 것이다.

작은도서관 운영자 교육의 목적은 지역 내 작은도서관들의 교류, 실무력 강화, 정책 전달 및 논의, 자원활동가 인력 확보 등 다양하다. 작은도서관 운영에는 일반 공공도서관이 담을 수 없는 특수성이 있다. 지역 안에서 이용자와의 밀착도가 높고, 이를 바탕으로 지역공동체 형성에 이바지한다는 운영자들의 사명감이 무엇보다 중요하다. 따라서 작은도서관 운영자 교육은 운영자들이 지치지 않고 늘 새로움을 추구하며 발전해나갈 수 있는 충전의 기회가 되어야 한다. 교육이 소통의 기회가 되고, 배움 속에서 활동을 인정받고 장점은 살려 함께하는 이들에게 나누어줄 수 있어야 한다.

　작은도서관진흥법 제정 이후 많은 자치단체에서 작은도서관에 관심을 가지고 교육을 기획하고 참여를 독려하는 노력을 활발히 하고 있다. 따라서 교육 내용과 방식에 대한 고민도 깊어질 수밖에 없다. 이를 위해 자치단체 내 작은도서관 담당자들을 위한 교육을 정기적으로 마련하여 지역별 사례들이 공유되는 장을 마련하는 것이 필요하다. 2014년 「작은도서관 업무편람」 교육 과정으로 여러 지역의 담당자들이 한자리에 모인 적이 있다. 작은도서관 관리·지원 담당자들이 작은도서관을 더욱 잘 이해하면 정책과 전략들이 달라질 수 있기 때문이다.

　작은도서관을 향한 좀더 창의적인 교육 내용과 방식을 찾아 운영자들과 자원활동가뿐 아니라 지역 주민도 관심을 가질 기회가 마련되길 바란다.

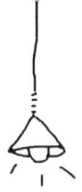

작은도서관이 함께 모여야 하는 이유

작은도서관은 다양하다. 운영 주체가 다르고 규모도 다르고 운영 방식도 다르다. 작은도서관은 최소한의 설립 기준만 있을 뿐 운영 규제를 받지 않는다. 몇 년 사이 아파트 작은도서관 혹은 지역아동센터처럼 다른 기관과 함께 운영되는 작은도서관이 많아졌다. 다들 운영의 어려움을 호소하고 있다. 일상적인 운영을 맡아 책임질 인력을 구하지 못해 걱정이 크다. 의지만으로 운영될 수 없는 곳이 바로 작은도서관이다. 이럴 때 지역에 작은도서관 네트워크가 있다면 도움을 받을 수 있을 것이다.

작은도서관 네트워크로 할 수 있는 일

작은도서관 네트워크를 생각하면 레오 리오니의 『으뜸 헤엄이』(이명희 옮김, 마루벌, 2000)가 떠오른다. 작은 물고기들이 모여 커다란 물고기를 형상화하여 커다란 물고기의 위협을 막아낸다는 내용이다. 공익광고에 자주 등장하는 표현으로, 작은 힘들을 모으면 큰 힘을 발휘할 수 있다는 의미를 담고 있다. 이때 빨간색 으뜸 헤엄이는 검은색 작은 물고기들의 무리에서 눈이 된다. 지역의 작은도서관 안에서는 누가 으뜸 헤엄이가 되어줄 것인가?

작은도서관 네트워크는 주로 지역 작은도서관협의회로 나타난다. 서울, 부천, 용인, 인천, 고양, 성남, 청주, 화성, 파주, 대전 등 광역과 기초지방자치단체에 작은도서관협의회가 구성되어 활동하고 있으며, 10년 남세 활동하고 있는 지역협의회들도 있다. 지역 내 몇 개의 작은도서관들이 먼저 모여 서로의 운영 모습을 공유하고 필요한 정보를 나누면서 다른 작은도서관들에게 모임을 안내하는 형태로 발전해왔다. 작은도서관협의회가 공동으로 추진하는 사업 내용은 작은도서관의 올바른 운영 모범을 만들어 교육하고, 공동 행사를 마련하여 지역에 작은도서관을 홍보하고, 타 지역의 우수 작은도서관을 탐방하여 배우는 기회를 갖고, 정책을 만들어 지원 및 진흥 조례를 법제화하는 것 등이다. 자발적으로 지역에서 협의회를 구성하는 경우도 있지만 공공도서관이나 지방자치단체 작은도서관 담당자가 첫 눈뭉치를 만들어주는 경우도 있다. 지역협의회의 구성은 작은도서관 발전에서 민관 파트너십을 형성하는 데 주요한 역할을 한다. 특히 작은도서관 조성 및 지원에 있어 공동 의견 수렴 과정을 통해 평가지표를 만들고 실사에 참여하여 지역 작은도서관의 실태를 파악한다. 이를 바탕으로 효과적인 지원과 예산 확보에 힘을 보탤 수 있기 때문이다.

작은도서관 네트워크의 좋은 사례들

작은도서관 운영자들은 일상이 바쁘다. 도서관에 상근하면서 장서를 점검하여 보충하고 정리해야 하며, 자원활동가들을 관리하고 도서관 프로그램을 기획하고 운영해야 한다. 또한 이용자들의 다양한 모임을 챙기고, 예산을 확보하기 위해 각종 지원 사업에 필요한 계획서를 만들어야 한다. 후원 확보를 위해 작은도서관 홍보와 사람 만나는 일을 게을리 할 수 없다. 1인이 운영하는 작은도서관의 경우 기본적인 도서관 업무만으로도 하루가 어떻게 가는지 모를 정도다. 그래서 도서관 바깥 활동인 네트워크에는 자연히 소홀해질 수밖에 없다. 네트워크 참여에 관심을 가질 수 없다 보니 우물 안 개구리가 되어버리는 경우가 많다. 밖을 보지 못하니 운영은 더욱 힘들어진다. 작은도서관 설립을 고민하거나 작은도서관을 등록한 지 1년이 지나지 않은 곳은 반드시 다른 도서관의 운영 사례를 찾아 롤모델로 삼을 것을 제안한다. 인터넷을 통해 필요한 정보를 쉽게 찾을 수는 있으나 직접 방문하여 이야기를 듣는 것만 못하다는 사실을 꼭 기억해야 한다. 운영위원회가 구성되어 있다면 모두 함께 도서관 탐방을 가는 것도 좋다.

익산시 작은도서관협의회는 1년에 한 차례 타 지역의 모범 운영 사례를 찾아 도서관 탐방을 진행한다. 이렇듯 작은도서관 네트워크는 초보 작은도서관 운영자들에게 다양한 사례를 알려주는 통로가 되어준다. 작은도서관을 운영하다 보면 공통으로 발생하는 문제들이 있는데, 다양한 경험을 가진 곳을 통해 듣고 배우면 이를 사전에 대비할 수 있다. 이를 통해 도서관 운영 매뉴얼을 하나씩 완성해갈 수 있다. 용인시 작은도서관협의회가 도민사서사업을 통해 작은도서관 운영 실무 매뉴얼을 만든 것은 좋은 사례라 할 수 있다.

고양시 작은도서관협의회는 작은도서관에 필요한 책을

동네 서점에서 구입하기로 지역 서점과 협약을 맺었다. 어려운 출판 환경을 극복하고 서점 운영에 작은 활로를 확보한 것이다. 또한 서점을 통해 신간 목록과 좋은 책 목록을 나누며, 지역사회에 좋은 책읽기 문화를 확산함으로써 이용자를 늘리고 건강한 독서문화환경을 조성하기로 했다. 이는 작은도서관 네트워크가 진행한 우수 협력 사례이다.

인천 작은도서관협의회는 공공도서관과 함께 '책읽어주기 자원활동가 양성과정'을 마련하여 작은도서관이 중심이 되어 지역에 책읽어주기 활동을 확산하는 교육을 진행하였다. 작은도서관의 자원활동가와 일반 이용자가 참여하는 전문 교육과 사회 참여적인 책읽어주기 활동 확산을 위해 노력하는 네트워크의 좋은 사례이다.

작은도서관 네트워크의 참여가 쉬운 일은 아니지만, 서로 소통하고 교류하는 가운데 더욱 많은 것을 배울 수 있고 안정적인 운영 방법들을 찾아나갈 수 있다. 또한 이를 정책적·제도적으로 만들어나가는 노력이 전국 6000여 개 작은도서관을 주체적으로 활성화할 수 있는 대안이 될 수 있다. 더욱 다양한 네트워크의 활동이 전국에서 이루어지기를 바란다.

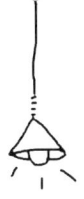

공공도서관과 작은도서관이 만나는 방법

작은도서관은 공공도서관의 범주에 속한다. 범주란 동일한 성질을 가진 부류나 범위를 의미한다. 즉 공공도서관은 지역 주민을 대상으로 일반적인 도서 서비스를 무료로 제공하는 도서관이다. 사회적 역할은 주민에 대한 도서와 정보 제공, 지역 주민의 평생교육 및 학습 지원이다. 또한 공공도서관은 강연회, 전시회, 문화행사를 열고, 계층별로 책읽기를 장려하는 독서모임을 활성화하고 이를 위한 장소와 정보를 제공하기 위해 노력한다. 따라서 공공도서관과 작은도서관은 상호 협력해 더 많은 주민들의 삶의 질을 개선하려는 노력을 기울여야 한다.

전국 작은도서관 운영 실태조사

2010년 국립중앙도서관이 발표한「생활밀착형 사립 작은도서관 연계활성화 방안 연구」는 협력 분야를 장서, 인력, 재정, 프로그램, 교육, 장비, 기타로 나누어 내용을 정리하였다. 자료에는 전문인력이 부족한 사립 작은도서관에 대한 공공도서관의 협력 방안 내용이 다양하고 구체적으로 명시되어 있다. 지역에서 이같은 협력 방안들이 원활하게 운영될 수 있는 지원 체계와 인력, 예산이 확보된다면 그야말로 금상첨화일 것이다. 또한 공공도서관의 모습을 혁신할 수 있는 기회가 마련될 것이다. 무엇을 협력하고 지원해야 하는지 밝혀져 있지만 안타까운 것은 많은 부분에서 인력과 예산 부족이라는 커다란 바윗돌을 만나 정체되거나 무시되는 현실이다.

각 지자체에서 작은도서관에 지원하는 내용을 살펴보면 2017년을 기준으로 볼 때 예산 지원 47.9퍼센트(510만 원), 도서 지원 46.7퍼센트(222권), 독서문화 프로그램 지원 26.5퍼센트(1.6건), 인력 지원 16.5퍼센트(0.5명), 기타 19.9퍼센트 순으로 나타나고 있다.

많은 자치단체의 작은도서관 지원 및 진흥에 관한 조례는 대부분 자치단체 예산의 범위 내에서 지원의 형태를 명시하고 있다. 운영비와 도서구입비 등이 지원 내용에서 가장 많이 차지하고 있으나 몇몇 자치단체 조례에는 인건비, 운영경상비 등을 명시하고 있다. 더불어 지원을 위한 작은도서관 설치 조건이 명시되어 있다. 운영 시간 및 장서 수를 구체적으로 명시하여 지원의 근거를 마련하고 있다.

지원금의 성격에 따라 지원 항목 및 지원 방식이 다르게 집행될 수 있으나 작은도서관 현장에서는 행정을 잘 모르기에 다소 오해가 발생하고 있다. 현장에서 긴급하게 요청되는 내용과 지원의 내용이 상이하기에, 실질적 지원에서 불만의 목소리가 높아질 수밖에 없다. 또한 전체적으로 자치단체에서 마련한 평가지표에 따라 차등 지원하고 있다. 독서문화 프로그램은 공모의 형식을 취하는 곳이 많다. 평가지표에 따른 관련 서류의 준비로 작은도서관 운영자들의 피로도가 높다. 전문 행정력을 갖추지 못한 작은도서관으로서는 참으로 어려운 문제이다.

공공도서관과 작은도서관이 상생하는 발전을 위해

지역 주민으로서는 제대로 된 공공도서관의 필요성을 느낄 것이다. 공공도서관 업무가 지방자치단체로 이관된 이후 지방자치단체의 재정 상황에 공공도서관의 예산과 인력이 좌우되는 바람에 장서 구입비조차 안정적으로 마련하기 힘들다는 소식을 들을 때마다 가슴을 쓸어내린다. 공공도서관에서 사용되어야 할 예산이 작은도서관으로 쏠리고 있다는 불평을 그대로 듣게 되기 때문이다. 공공도서관과 작은도서관은 경쟁의 대상이 될 수 없다. 공공도서관이 제대로 된 인력 구조와 운영 계획을 마련하고 이를 집행할 수 있는 예산도 안정적으로 확보해야만 지역의 작은도서관도 제 역할을 할 수 있다.

공공도서관 내에 작은도서관 전담 인력 및 팀이 필요한 이유는 공공도서관과 작은도서관의 협력 구축을 위해서다. 공공도서관과 작은도서관이 현황과 정보를 공유하면 지역 주민의 자료 및 서비스 발전을 기하는 정책을 공동으로 수립할 수 있다. 또 지역사회에서 책 읽는 민주 시민 양성에도 공동으로 기여할 수 있다. 공공도서관과 작은도서관이 막힌 곳 없이 원활한 서비스를 제공할 수 있도록 관심과 지원이 절실하게 필요하다.

공공도서관과 작은도서관 및 학교 도서관이 지역협의체를 구성해 공동의 회의 체계를 갖추고 정기적으로 만날 것을 제안하고 싶다. 지역협의체의 가장 중요한 역할은 도서관에 대한 이용자들의 인식을 높이는 일이다. 어려운 시기일수록 도서관이 지역 주민들의 정보 격차 해소, 지식 공유, 정보기술 전파 등을 수행하는 핵심적인 공공기관이며 평생교육의 현장이 될 수 있음을 확신하고 공동의 노력을 기울여야 한다. 이러한 역할을 공공도서관이 우선적으로 수행하기 위해 안정적인 인력 확보는 최우선 과제이다. 협력 내용 또한 사람에 의해 만들어지고 실천되기 때문이다.

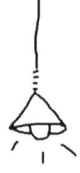

작은도서관, 무엇을 평가할 것인가?

2012년 작은도서관진흥법의 제정은 작은도서관에 대한 지원의 근거를 마련하였다. 더불어 해마다 운영 실태 조사를 실시하고, 2014년부터는 작은도서관 운영 평가 시스템을 구축하여 작은도서관의 운영 실태를 통계화하였다. 이는 현재 전국에서 운영되는 작은도서관에 대한 정확한 현황과 지방자치단체의 지원과 규모, 예산 운영 방향을 알아보는 데에도 좋은 자료가 될 수 있다. 이제 문제는 운영 실태 조사 결과를 통해 작은도서관의 활성화 방향과 정책, 이를 뒷받침할 수 있는 예산을 확보하고 바람직한 지원의 내용을 잡아나가는 것이다. 이에 지방자치단체마다 작은도서관 평가지표를 마련하고 있다. 경기도가 가장 먼저 현장 실사를 바탕으로 전수조사를 진행하고 평가지표의 틀을 갖추었다. 현재 공립과 사립으로 나누어 평가지표를 제안하고 있으며, 각 기초자치단체마다 이를 근거로 별도의 지표를 마련하여 차등 지원을 하고 있다.

무엇을 평가할 것인가

평가란 사람이나 사물의 가치, 수준 따위를 일정한 기준에 의해 따져 매기는 것이다. 작은도서관 평가지표는 일정한 기준을 마련하여 작은도서관의 가치와 수준을 수치화하는 과정이다. 작은도서관 운영에 서열이 생긴다는 부정적인 면도 있지만, 현재 문고의 설치 기준이 그대로 작은도서관에도 적용된 상황에서 안정적 운영을 위한 현실적인 기준점을 마련하는 방안이 될 수도 있다. 다만 평가지표의 내용이 정량적인 평가 기준을 우선하고 있음에 따라, 작은도서관의 가치가 왜곡될 수 있음을 간과해서는 안 된다.

현재 평가지표는 지원의 주체인 지방자치단체가 실시한다는 점에 주목해야 한다. 그러다 보니 운영 주체가 스스로를 평가하는 기준에 따른 항목이 없다. 운영 주체의 평가는 정량적 평가의 틀이 아닌 정성적 평가, 즉 스스로 마련한 목표에 얼마나 도달하였는가를 기준으로 삼아야 한다. 이에 자체 평가지표의 내용을 정리해본다.

전국 작은도서관 운영평가 지표

구분		공립	사립
인력	상근 직원 수	●	●
	시간제 직원 수	●	●
	등록 자원봉사자 수	●	●
	비등록 자원봉사자 수	●	●
	사서자격보유 직원 수	●	●
	사서자격보유 봉사자 수	●	●
	전문교육 참여 인원	●	●
	전문교육 참여 시간	●	●
시설	건물면적	●	●
	열람석 수	●	●
	이용자용 컴퓨터 수	●	●
	자료관리 프로그램 사용 여부	●	●
자료	도서자료 보유 수	●	●
	연속간행물 보유 수	●	●
	연간 증가 도서 수	●	●
	연간 증가 간행물 수	●	●
예산	인건비	●	●
	자료구입비	●	●
	운영비	●	●
	기관 자부담 정도	–	●
이용자서비스	연간 대출 권 수	●	●
	연간 이용자 수	●	●
	연간 개관 일 수	●	●
	평일 운영 시간	●	●
	주말 운영 시간	●	●
	연간 독서프로그램 수	●	●
	연간 독서프로그램 실시 횟 수	●	●
	연간 독서프로그램 참여 인원 수	●	●
	연간 문화프로그램 수	●	●
	연간 문화프로그램 실시 횟 수	●	●
	연간 문화프로그램 참여 인원 수	●	●
교류협력	상호대차서비스 실시 여부	●	–
	순회사서서비스 실시 여부	●	–
	지자체·공공도서관 지원 여부	●	●
	운영위원회 구성여부	●	●
	운영위원회 활동 정도	●	●

작은도서관 운영평가지표 배점표

영역	세부지표			공립 배점	공립 합계	사립 배점	사립 합계
인력	현황	직원수	상근	7	28	7	28
			시간제	4		4	
		자원봉사자수	등록	3		3	
			비등록	2		2	
	전문성	사서자격증 보유 인력수	직원	6		6	
			자원봉사자	2		2	
		전문교육 참여 여부(정도)	교육인원	2		2	
			교육시간	2		2	
시설	면적		건물면적	3	10	3	10
			열람석 수	3		3	
	전산		이용자용 컴퓨터수	2		2	
			자료관리 프로그램 사용 여부	2		2	
자료	현황	보유 장서수	도서자료	6	15	6	15
			연속간행물	2		2	
		연간 증가 장서 수	도서료	5		5	
			연속간행물	2		2	
예산	현황		인건비	6	15	6	20
			자료구입비	5		5	
			운영비	4		4	
	자립도		기관 자부담 여부(정도)	–		5	
이용자서비스	이용		연간 대출 권수	3	30	3	30
			연간 이용자 수	4		4	
			연간 개관 일 수	3		3	
		주간 운영 시간	평일	2		2	
			주말	2		2	
	프로그램		연간 독서프로그램 수	2		2	
			연간 독서프로그램 실시 횟수	2		2	
			연간 독서프로그램 참여인원 수	2		2	
			연간 문화프로그램 수	3		3	
			연간 문화프로그램 실시 횟수	4		4	
			연간 문화프로그램 참여인원 수	3		3	
교류협력	지역교류		상호대차서비스 실시 여부	3	12	–	7
			순회사서서비스 실시 여부	2		–	
			지자체·공공도서관 지원 여부	3		3	
	운영위원회		운영위원회 구성 여부	2		2	
			운영위원회 활동 여부	2		2	
합계				110점		110점	

평가지표	세부내용
목적의 적합성	• 작은도서관의 운영 비전은 명문화되어 모든 이용자가 공유하고 있는가? • 작은도서관 운영 철학에 대한 교육을 이용자에게 정기적으로 진행하는가? • 지역사회 속에 작은도서관으로서 어떤 행동을 실천하는가? • 작은도서관 운영자의 재생산을 위해서 어떠한 노력을 기울이고 있는가? • 작은도서관 운영 비전을 담기 위한 중장기적인 계획이 있는가?
이용자 관리	• 회원들의 현재 상황을 정기적으로 점검하고 있는가? • 동아리의 활동 내용을 정기적으로 점검하고 있는가? • 동아리와 자원활동가들의 활동 내용을 기록하고 있는가? • 새로운 회원과 이용자들을 환대하여 맞았는가?
재정 관리	• 1년의 예산 기획과 지출 계획이 수립되어 있는가? • 새로운 사업을 위해 비축화 예산은 존재하는가? • 운영 회원 관리는 어떻게 하고 있는가? • 예산의 집행을 투명하게 하고, 정산을 위한 서류를 갖추고 있는가?
사업 추진	• 사업의 목적이 무엇인가? • 사업의 성과를 사람으로 남기는가? • 협동의 과정을 통해 만든 사업인가? • 지역사회를 향한 열린마음으로 사업을 추진하는가? • 진행하는 사람들과 충분히 소통하는 구조가 마련되어 있는가?
지역 네트워크	• 작은도서관 네트워크를 위해 협조하는가? • 작은도서관과 도서관의 상호 협조를 위해 어떠한 노력을 기울이는가? • 지역사회 시민사회 단체와의 공동 사업은 존재하는가? • 장서 구입시에 지역 서점과의 연계 방안을 갖추고 있는가?

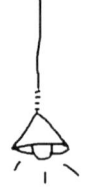

아파트 작은도서관 운영 활성화를 위해

생활환경이 많이 달라지면서 과거 골목을 중심으로 발달했던 일반 주택의 모습은 사라지고 전국적으로 아파트가 많이 등장했다. 이러한 변화와 더불어 아파트 내 작은도서관의 수는 나날이 증가하여 개인 및 민간에서 운영하는 작은도서관의 수와 맞먹을 정도가 되었다. 2017년 작은도서관 실태조사에서 전체 사립 작은도서관 4651곳 가운데 아파트 작은도서관은 1560곳으로 33.6퍼센트를 차지하였다.

아파트 작은도서관의 빛과 그늘

 문제는 작은도서관이 아파트 건설 과정에서 설립되어 입주민들의 의견을 반영하기가 용이하지 않다는 점이다. 따라서 작은도서관의 규모와 운영 형태, 위치에 대해 주민들의 동의를 구하기가 어려우며, 이는 향후 운영에서 상당한 문제로 부각되고 있다. 아파트 세대수에 따라 별도의 규정이 있으면 좋겠지만 현재는 도서관법 시행령에서 작은도서관 시설 및 자료 기준인 건물 면적 33제곱미터 이상, 열람석 6석 이상, 자료 1000권 이상을 따르는 형편이다. 그러나 도서관을 설립할 때 시설 및 자료 기준을 맞추어 조성하는 것은 쉬운 문제이다. 문제는 다음이다. 향후 작은도서관을 어떻게 운영할 것이고, 누가 운영할 것인가에 대한 내용은 천차만별이며, 조성만 해놓고 운영 주체를 찾지 못해 좋은 시설이 그대로 방치되는 경우도 많이 있다.

 아파트 작은도서관은 장점이 참 많다. 아파트 단지 안에서 책을 빌려볼 수 있고, 공동의 취미를 가진 사람들이 어울려 동아리를 구성할 수도 있다. 또 입주민들의 재능 나눔을 통해 다양한 프로그램을 진행할 수도 있으며, 아이들이 또래 친구를 사귈 수도 있다. 같은 단지에 산다는 친밀감으로 자원활동가들을 모으기도 용이하며, 작은도서관을 중심으로 동네 재

활용 나눔장터를 진행하거나 동네 축제를 열 수도 있다.

책임 있는 운영 주체와 체계 세우기

주민들이 아파트 작은도서관의 장점들을 십분 활용하여 친근한 시설로 이용하려면 이러한 생각을 가진 운영 주체가 필요하다. 아파트 작은도서관은 입주자대표회의의 회장이 대표를 맡아 운영하는 곳이 많다. 그러나 많은 사안 중에서 입주자대표가 작은도서관을 중심에 두고 활동하기는 힘들다. 따라서 입주자대표회의에서 도서관 담당자를 선임하거나 별도의 기구로 도서관 운영위원회를 두어 운영 책임을 지고 입주민대표회의에 정기적으로 보고하는 체계가 바람직하다.

아파트 입주 초기에는 작은도서관에 대한 이해가 부족하고 운영 실무에 대해 잘 모르는 경우가 대부분이다. 이때 운영자와 자원활동가를 모으고 운영에 대한 교육을 진행하는 것이 필요하다. 특히 운영자를 세우는 과정에서 많은 어려움이 있다. 일정한 시간 동안 개방하고 활성화하기까지, 입주민들에게 작은도서관 활동이 각인되기까지 안정적인 운영과 관리를 책임질 수 있는 인력 확보를 위한 예산을 마련해야 한다. 해당 자치단체에 작은도서관 책임자가 있을 경우 아파트 작은도서관 초기 운영에 도움을 줄 수 있다.

서로 연대하여 해법 찾기

아파트라는 주거 형태의 단점은 폐쇄성에 있다. 몇 년을 살아도 이웃에 누가 사는지 알지 못하는 경우가 생기며, 층간소음과 주차 문제 등으로 주민 간의 불미스러운 다툼도 있다. 더욱이 아파트는 개인 자산의 공간이기에 아파트 입주민들 사이에 계층이 생길 수밖에 없다. 아파트 단지로 묶이게 되면 그 안의 모든 공간 운영은 공동 경비로 집행해야 한다. 따라서 아파트 작은도서관에 외부인의 출입을 원하지 않는 경우가 발생한다. 이는 안전을 고려한 측면도 있지만 소유권을 둘러싼 문제로, 같은 지역의 주민이라고 해도 아파트 주민이 아니면 이용에 제한을 두는 것이다. 이렇게 이용 대상을 제한하는 것은 작은도서관이 갖는 공공도서관적 성격에 맞지 않고, 사적 공간에 자치단체가 예산을 투여하여 지원한다는 문제로 이어지기도 한다. 아직도 아파트 작은도서관의 개방 문제를 어떻게 풀어야 할 것인지 명확한 해결책을 찾지 못한 상태이다.

아파트 작은도서관의 문제를 슬기롭게 대처해나가는 경우도 있다. 지역의 아파트 작은도서관끼리 연대하여 네트워크를 구성하고 서로의 문제와 좋은 사례를 공유하여 지역 작은도서관 발전에 이바지하는 경우가 있다. 용인시 작은도서관협의회가 대표적이다. 작은도서관의 자원활동가 교육을 연례적으로 진행하고, 지역에서 해마다 작은도서관 축제를 열고 있다. 그동안의 운영 사례들을 정리하여『작은도서관 운영실무매뉴얼』을 제작하기도 했다.

  서울 서초구의 아파트 작은도서관 단체는 지원 사업에 공모하여 받은 작은 지원금을 나누어 아파트 작은도서관들을 순회하면서 공동의 독서문화 프로그램을 진행하고 있다. 특히 각 아파트마다 특색 있는 프로그램을 운영함으로써 주민들로부터 좋은 평가를 받고 있다. 이렇듯 아파트 작은도서관이 의지를 가지고 개별 작은도서관을 뛰어넘어 공동으로 힘을 모아 어려운 문제들을 하나씩 해결해나감으로써, 지역 주민들에게 작은도서관의 필요성을 알리고 운영의 지속성을 확보할 수 있다.

운영자들의 이야기, 공론의 장을 통해 담아내기

  이러한 활동을 가능하게 만든 중심에는 작은도서관의 역할을 이해하고 지역에서 자라나는 아이들을 바르게 키우고

자 시간과 재능을 내어 봉사하는 자원활동가들이 있다. 따라서 아파트 작은도서관의 지속적인 운영 안정화를 위해 가장 중요한 것은 작은도서관을 책임 있게 운영할 인력, 즉 사람을 키우는 문제로 귀결될 수밖에 없다.

 우선 아파트 작은도서관 운영에 대한 공론화가 필요하다. 계속적으로 증가 추세를 보이는 아파트 작은도서관의 설립부터 운영에 이르는 전 과정에서 나타나는 다양한 문제를 모으고 해결 방법을 함께 모색해보는 것이다. 따라서 기초자치단체 중심의 공청회나 세미나, 포럼 등의 형태를 빌려 아파트 작은도서관 운영자들의 이야기가 모아졌으면 한다. 다음으로는 광역이나 기초자치단체 차원에서 아파트 작은도서관 운영을 도울 수 있는 컨설팅 과정을 마련해야 한다. 특히 작은도서관 담당 부서 및 책임자는 작은도서관의 일반적 내용 이외에 아파트 작은도서관이 갖는 특수성을 인정하고 이를 도울 방안을 찾아야 한다. 지역 단위에서 아파트 작은도서관의 네트워크가 마련되고, 이를 바탕으로 교육을 진행해 우수 운영자들이 발굴될 수 있도록 도와야 한다.

3부

해외 도서관 사례

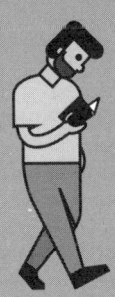

■ 독일

메르헨가도에서 만난 이야기들

작은도서관을 운영하며 내가 하고 싶은 것이 무엇이었는지 물을 때마다 떠오르는 장면이 바로 도쿄어린이도서관에서 진행된 스토리텔링 모임이다. 서가를 물린 작은 홀에 사람들이 가득 찼다. 무대 위 화자에게 조명이 비치고, 주위는 온통 어둡게 불을 끈 상태였다. 화자는 어느 나라의 전래 동화를 모든 사람에게 전했다. 어느 순간 사람들이 손수건을 꺼내어 눈물을 닦고 있었다. 두 편의 이야기가 전해진 뒤 모두 조용히 일어나 그곳을 빠져나갔다. 한 달에 두 번 이야기 모임이 이어지고 있었고, 사람들은 매번 이야기를 듣기 위해 먼 곳에서도 찾아왔다.

일본에 다녀온 뒤 지역에서 그림책 읽어주는 활동가들을 위한 교육 프로그램을 만들었다. 2005년부터 만들어진 모임은 여전히 진행되고 있다. 어린이집, 유치원, 초등학교를 직접 방문하여 아이들에게 그림책을 읽어주고 함께 이야기를 나누는 활동이 이렇게 꾸준히 이어지리라곤 생각하지 않았다. 도쿄어린이도서관에서 보았던 기억이 그리고 이야기의 힘이 사람들에게 위안을 주고, 평화를 줄 수 있을 것이라는 희망만이 있었다.

작은도서관을 운영하면서 여러 나라의 도서관을 다녀왔다. 유럽의 시설과 장서를 부러워하기도 했고, 일본의 독서 공동체와 문화를 부러워하기도 했다. 부족한 장서에 어린이 위주로만 이용자가 구성된 우리나라의 모습에 실망스러울 때도 많았다. 그러나 이는 이용자의 측면에서 본 관점이다. 외국의 도서관을 경험하면서 도서관의 풍경과 그 속의 장서만을 본 것은 아니다. 무엇보다 눈여겨보고자 했던 것은 그들의 도서관 정책과 도서관을 이용하는 사람들의 생각 그리고 도서관을 운영하는 사람들의 생각이 어디에 머물러 있는가였다.

메르헨가도를 달리다

　몇 해 동안 해외 도서관 탐방을 했다. 작은도서관 운영자들과 함께였다. '지역'과 '이용자 서비스'라는 좀더 밀착된 서비스를 보기 위해서였다. 주로 공공도서관을 보되 되도록 도심보다는 지역에 있는 공공도서관을 찾아가는 것으로 일정의 대부분을 잡았다. 돌아와 도서관에서 보고 듣고 느낀 것을 모두 정리하는 일은 벅찬 일이었다.

　해외 도서관 탐방이 도서관을 위주로 진행되다 보니 여전히 공간 중심으로 보고 오는 경향은 피할 수 없었다. 또한 작은도서관의 형태도 다양해지고 수적으로도 많아지니 초심을 잃은 채 공간 운영의 측면에서만 작은도서관을 보는 관점이 생겨나기도 했다. 공공도서관의 틈새를 메우기 위한 작은도서관 조성 사업의 성과가 왜곡되기 시작하면서 공공성에 대한 의미와 작은도서관의 역할, 운영 주체에 대한 생각들이 뒤섞여버렸다. 정리가 필요한 시점이다.

　작은도서관 운영을 시작한 계기도, 지금까지 운영하는 이유도 '책'에 있다. 그렇다면 도서관이라는 공간을 보는 것보다는 '책'이라는 의미를 담은 여행이 필요하다는 생각이 들었다. 독일 기행은 그러한 고민 끝에 선택된 여정이었다. 이번에는 도서관보다는 '책'과 '이야기' 중심의 기획을 담아보기로 하고 메르헨가도로 떠났다.

그림 형제의 고향 하나우로 시작하다

하나우, 슈타이나우, 카셀, 브레멘, 하멜른, 트렌델부르크성, 괴팅겐, 알스펠트는 그림 형제와 관련이 있는 곳이다. 그들의 고향이자 그들이 대학 교수로 재직했던 곳, 그리고 그들이 남긴 가장 유명한 이야기들이 모인 곳이다. 이 행선지를 따라 메르헨가도가 조성되어 있다.

하나우Hanau는 그림 형제가 태어난 곳으로, 중앙 광장에는 빌헬름 그림Wilhelm Grimm과 그의 동생 야코프 그림Jakob Grimm의 커다란 동상이 여행객들을 반긴다. 이곳이 바로 메르헨의 시작이라고 할 수 있다. 하나우 곳곳에는 그림 형제 이야기의 흔적들이 남아 있었다. 2015년에 새롭게 조성된 하나우 시립도서관에는 그림 형제의 이야기 원본들이 고스란히 보관되어 있다. 하나우에 가면 꼭 들러봐야 할 곳이다. 하나우에는 특히 동네에 멋진 서점들이 있었고, 서점 안에는 이야기를 풀어낼 수 있는 작은 무대가 있었다.

슈타이나우Steinau는 그림 형제가 자란 곳이다. 슈타이나우 박물관과 그림 형제의 박물관이 당시 모습 그대로 잘 보존되

△ 독일 하나우 광장의 그림 형제 동상

어 있었다. 동네 전체가 18세기의 모습 그대로였다. 성도 있고 오래된 교회도 있고, 개구리 왕자가 조각된 분수도 있고, 그 앞 인형극장도 있다. 작은 소도시 전체가 그림 형제의 이야기로 현재까지 마을을 일구며 전 세계 사람들을 모으고 있다는 점에서 이야기의 힘을 다시금 느끼게 되었다.

《브레멘 음악대》와《하멜른의 피리 부는 사나이》는 그림 형제의 작품 중 가장 널리 알려진 이야기이고, 브레멘과 하멜른은 가장 널리 알려진 장소라 할 수 있다. 브레멘Bremen과 하멜른Hameln은 도시 전체가 하루쯤 푹 빠져 머물고 싶을 정도로 매력적인 곳이었다. 특히 금요일 오후에 브레멘에 도착하면 그 도시의 매력에 푹 빠질 수 있다. 오후에 거리를 거닐다 늦은 저녁 브레멘 음악대 동상이 있는 광장을 찾아가면 램프를 들고 거리를 안내해주는 중세 시대 복장의 멋진 해설사들과 그들을 따라다니는 일행의 멋진 광경도 볼 수 있다. 노쇠한 동물들이 찾아간 브레멘이라는 도시, 브레멘에 미처 도착하지 못한 채 이야기는 끝이 나는데 왜 하필 '브레멘' 음악대일까? 브레멘이라는 도시가 상업적으로 융성했던 곳이고, 산업화 이후 도시로 사람들이 일자리를 찾아갔듯 꿈을 꿀 수 있는 그런 곳을 찾아 떠나는 그들의 모습을 상상해본다.

하멜른에서는 정오가 되면 그 지역에 사는 주민들이 꾸민 연극이 시작된다. 오래된 성당에서 12시를 알리는 종이 울리면 어디선가 알록달록 옷을 입은 사나이가 피리를 불고 나타난다. 그에게 쥐 몰이를 부탁하는 시의원들의 모습과 쥐들이 나타난다. 나중에 아이들이 피리 부는 사나이를 따라 광장 밖으로 빠져나가면서 연극은 끝난다. 모든 사람이 아는 이야기라서 언어에 상관없이 광장에 모인 사람들 모두 함께 노래하고 웃고, 흥분한다. 연극에 출연하는 사람들은 어린아이부터 어르신까지 모두 지역 주민들이다.

카셀Kassel은 그림 형제의 작품들을 현대적인 전시 기법과 공간 구성으로 배치한 것으로 유명한 미술관 겸 박물관을 갖춘 곳이다. 과거의 이야기가 오늘에까지 어떻게 이어져 오는지를 볼 수 있다. 트렌델부르크Trendelburg 성에서는 라푼젤이 되어 하룻밤을 묵는 호사를 누렸고, 빨간 망토의 도시 알스펠트Alsfeld에서는 주민들이 만들어 파는 빨간 망토 인형을 구입할 수 있었다. 여행안내소 옆 오래된 서점에서는 이야기 속에서 바로 나온 듯한 백발의 서점 주인이 낯선 이들을 친절한 웃음으로 맞아준다. 메르헨 여행지마다 그곳을 상징하는 이야기 주인공 배지를 판다. 적은 금액으로 구입할 수 있어 여행 다녀온 후 만나는 사람들에게 선물로 주며 이야기를 풀어낼 수 있어서 좋았다.

독일에서 마주한 또 다른 이야기들

질문이 많지 않은 것은 준비가 충분하지 않았다는 것이다. 이를 여행하면서 보충한다는 것은 거의 불가능에 가깝다. 주어진 시간이 있고 일정대로 움직이다 보면 본 것은 많은데 정리할 시간이 없고, 감상적으로만 흐를 가능성이 있다. 귀국 후 갔던 곳들을 되짚어보면서 그랬다. 많이 보았지만 하나라도 충실히 보지 못함에 대한 아쉬움이 많이 남았다.

바이마르Weimar는 《젊은 베르터의 슬픔》으로 유명한 독일의 문학가 요한 볼프강 폰 괴테Johann Wolfgang von Goethe를 만날 수 있는 도시다. 안나 아말리아 왕비의 부름으로 어린 왕자들의 교육을 위해 이 도시에 머물게 된 괴테의 집이 그대로 보존되어 있다. 괴테는 이 도시에서 1782년부터 1832년까지 살았다. 괴테하우스라고 불리는 이곳은 일반인의 관람이 가능하다. 여러 학문에 모두 능했던 괴테의 천재성이 고스란히 느껴지는 곳이었다. 광물학에 관심이 있었고 그림에도 조예가 깊었던 만큼 그가 모은 광물 표본들과 그림들이 방마다 잘 보존되어 있었다.

괴테의 흔적을 담고 있는 이 도시가 더욱 유명한 것은 세계 최초로 인간의 평등과 기본권을 법으로 정한 「바이마르 헌법」이 공표된 곳이기 때문이다. 괴테가 사서로 근무했던 안나아말리아도서관Herzogin Anna Amalia Bibliothek에서는 입을 다물 수가 없었다. 괴테가 머물며 읽고 정리했을 다양한 분야의 고서들이 간직된 서가 사이를 잠시 거닐어 보았다. 무엇을 고민하고 무엇에서 깊은 사색을 하였을까? 삶의 근본적인 질문들에 그는 어디서 답을 찾았을까? 괴테의 문학을 깊이 있게 접해본 적이 없다는 사실에 자괴감이 들 정도로 아쉬웠다.

도서관으로 시작해 도서관으로 끝을 맺다

하나우에서 하나우시립도서관을 보았다면 함부르크에서는 Hoeb4u 청소년도서관을, 카셀 지역을 지나면서는 독일의 17세기 인쇄 기록을 관리하는 헬츠오크아우구스트도서관 Herzog August Bibliothek을 보았다. 슈투트가르트에서는 우리나라 건축가 이은영 씨가 설계한 슈투트가르트 시립도서관에서 건물 외벽에 한글로 선명히 새겨진 '도서관'이라는 글자를 보았다. 그리고 마지막 도착한 하이델베르크에서도 하이델베르크공공도서관을 보고 왔다.

자기만의 개성에 따라 지역 특색을 담은 자료를 갖춰 이용자 서비스를 하고 있는 점이 눈에 들어왔다. 이제 우리나라의 공공도서관들도 세련된 형태의 도서관 공간을 갖추는 것에는 세계가 부러워할 정도가 되었다고 생각한다. 하지만 여전히 마음에 차지 않는 점은 도서관의 이용 형태라 할 수 있다. 우리와 달리 일단 많은 사람이 도서관을 이용하고 있다는 점이 눈에 들어왔고, 연령층이 다양했다는 점이 부러웠다. 특히 함부르크도서관은 금요일 오후에 방문했는데 웅성거린다는 느낌이 들 정도로 사람들로 붐볐다. 100평 이상의 커다란 공간에 원형 테이블들이 즐비했고, 그곳에서 많은 사람이 가족 단위로 보드게임을 즐기고 있었다.

△ 헬츠오크아우구스트도서관

　하이델베르크공공도서관에서는 영유아들의 책읽기를 돕는 북스타트를 진행하고 있었으며, 관장이 직접 진행하는 사업과 공간을 안내해주었다. 지역 주민들의 전시를 담아낼 수 있는 공간과 청소년만을 위한 공간을 별도로 만들어 편히 도서관을 느낄 수 있도록 배려하는 모습도 보기 좋았다. 넓은 공간을 복층 구조로 만들어 어디에서나 열람실 전체가 보일 수 있도록 되어 있었으며 2층에는 미디어 자료들이 잘 갖추어져 있었다. 넓은 공원을 끼고 있고 도시 중심에 있기에 오기에 편하기도 했다.

독일의 독서율은 세계적으로 유명하다. 많은 사람이 읽기를 멈추지 않고 있다. 그만큼 도서관과 출판이 발달되어 있으며 서점 또한 많은 편이다. 여전히 서점에서 책을 사는 사람들도 많다. 그들의 책 읽는 문화의 바탕에는 그림 형제나 괴테 같은 뛰어난 문학가 그리고 칸트, 헤겔, 쇼펜하우어, 마르크스, 엥겔스, 니체, 막스 베버 등 사람들의 사상에 영향을 준 뛰어난 철학자들이 밑받침이 되었을 것이다.

한동안 사랑에 빠졌던 니콜라우스 하이델바흐Nicolaus Heidelbach의 그림책을 다시 만난 것 또한 이번 여행에서 얻은 큰 기쁨이었다. 그의 작품《브루노를 위한 책》(김경연 옮김, 풀빛, 2003)을 통해 책 읽기의 즐거움이 어떤 것인지 다시 한번 생각하게 되었고, 많은 사람들에게 읽어주기도 했다. 2018년에 소개된《행운 전달자》(김경연 옮김, 풀빛, 2018)를 통해 다시금 작가의 생각을 따라가 보길 권하고 싶다.

■ 핀란드

민주주의와
평등의 원칙을 지키는
도서관

　핀란드라는 나라는 1917년에 건국해 생긴 지 100년이 갓 넘은 나라다. 700년 동안 스웨덴의 통치를 받았고, 그 이후에는 러시아의 지배 아래 있었다. 핀란드어와 스웨덴어를 공식 언어로 사용하며, 국토 면적은 유럽에서 일곱 번째로 크다. 국토의 약 70퍼센트가 숲으로 덮여 있고 10퍼센트는 해수면 밑에 있다. 약 6퍼센트만이 농업용으로 이용된다. 호수가 많기로 유명하며 '1000개의 호수의 땅'이라고도 불린다.
　핀란드는 오랜 세월 스웨덴과 러시아의 지배를 받으면서도 독립을 위해 노력했으며, 척박한 땅에서 효과적으로 식량을 생산해왔다. 그들은 농민조합을 만들고 학교를 세워 교육의 토대를 갖추었다. 핀란드는 GDP 대비 연구개발비 지출이 3.5퍼센트로 세계 최고 수준이다. 이를 기반으로 지식기반 경제를 갖추고 있다고 평가받는다.

세계가 핀란드에 주목하는 이유에는 교육에 있다. 핀란드의 교육제도는 평등주의 원칙에 따라 설계되어 있다. 사회적 빈곤 계층이 교육으로부터 소외되지 않도록 하는 데 주목하고 있다. 세계에서 수업 시간이 가장 짧음에도 OECD 나라 중에서 상위권을 차지하고 있다. 이는 핀란드 역사에서 사회 전체가 평등한 교육 실현을 목적으로 참여한 결과이다.

핀란드 거리는 깨끗하고 편안했다. 누구든 친근하게 대해주어 어디든 편안하게 드나들 수 있었다. 도서관을 방문하면서도 대학이건 공공도서관이건 관계자가 막아서는 경우는 한 번도 없었다. 핀란드의 도서관은 누구에게나 개방된 곳이었다.

글쓴이의 생각을 빌리는 도서관

핀란드 헬싱키 공항에 도착해 무거운 가방을 끌며 처음으로 전철을 타고 도착한 곳은 파실라도서관 Pasilan Kirjasto이었다.

1986년 개관한 파실라도서관은 헬싱키 외곽에 위치하며 주변에 회사와 학교들이 많았다. 평일에는 오전 9시부터 오후 8시까지, 금요일에는 오후 6시까지, 주말은 토요일에만 오전 10시부터 오후 4시까지 문을 열고 있다. 단행본 20만 권이 소장되어 있고, 정기간행물 600종과 신문 70종, 다양한 영상 자료와 음악 자료를 비치하고 있다.

건물은 5층이다. 3층의 열람실은 전철과 바로 연결되어 있었다. 내부에서 계단을 통해 1층으로 갈 수 있는데, 1층은 도로와 연결되어 있어 이동도서관이 운영되고 있다. 3층 입구의 문을 열자마자 열람실이 시작되며, 한눈에 열람실 전체를 볼 수 있다. 어린이실과 성인실을 따로 분리하지 않았고, 서가를 통해 이용자층을 구별하고 있었다.

파실라도서관에서 가장 유명한 것은 건물 내부에 분수가 있다는 것이다. '지식의 샘'이라 불리는 이 분수는 도서관의 심장을 나타내며, 전구는 행성, 조명은 위성, 계단 위 대리석은 은하수를 상징한다. 분수는 소음 제거 효과가 있을 뿐 아니라, 겨울이 긴 핀란드의 계절을 반영하여 도서관 안에서 자연을 느낄 수 있도록 배려한 것이다. 분수를 중심으로 서가가 배치되어 있는데, 모두 원목으로 만든 것이다. 숲의 나라답게 원목의 느낌이 포근하다.

사서들이 입고 있는 조끼에는 우리나라 큰따옴표와 같은 " 표식이 붙어 있다. 핀란드어로 '빌리다'라는 뜻이다. 책과 책

△ 파실라도서관

을 쓴 작가의 지식을 빌려온다는 뜻이라고 한다.

    핀란드 내 모든 도서관은 헬무트Helmut라는 시스템으로 연결되어 있다. 이를 통해 핀란드에 주소지가 있는 사람이면 누구나 책을 빌릴 수 있고, 원하는 곳에서 반납할 수 있다. 놀라운 것은 대출 기간이 28일이며, 다음 대출자가 없다면 다섯 번 연장이 가능하다.

    열람실은 모두 개방되어 있으며, 특히 S-POINT라는 공간에는 모두 80개 이상의 언어로 된 다문화 도서가 비치되어 있다. 한국 책들도 발견할 수 있었으나 너무 오래되거나 보지 않을 것 같은 책들이 많아 어떠한 경로로 이곳에 비치되었는지 궁금하였다. 핀란드의 도서관은 해당 지역에 100명 이상이 살면 그 나라 말로 된 책을 구비한다. 이제 막 핀란드에 도착한 이민자들의 커뮤니티를 위한 공간과 정보를 별도로 두고 있었다.

가장 마음을 끄는 곳은 시만을 모아 놓은 방이었다. 작은 공간이었지만 유리 벽으로 조용함을 유지하고, 소파에 조용히 앉아 시를 읽을 수 있도록 꾸며져 있었다. 또한 음향 시설을 갖춘 편안한 의자에 앉자 방금 서가에서 뽑아온 음악을 감상할 수 있었으며, CD와 DVD는 도서관에서 더 많은 비용을 주고 구매한다. 만화도 갖추고 있었다. 모든 선택은 이용자의 몫이라고 판단한 것이다. 핀란드 어느 도서관이든 우리를 놀라게 하는 것은 많은 잡지류와 신문이었다. 갖추고 있는 종수에도 놀랐지만, 잡지 서가 한편에서 열심히 읽고 있는 노인들을 자주 볼 수 있다는 것도 놀라웠다.

어린이들이 이용하는 코너에는 사서가 별도로 있으며, 녹색 나무 서가에 녹색 전등으로 꾸며져 있었다. 다양한 인형 소품으로 장식된 서가 위에 도서들이 주제별로 전시되어 있어 쉽게 찾을 수 있었다.

학생들은 KIRKIO 프로젝트를 통해 정보 활용 기술을 익힐 수 있으며, 공공도서관에서 학교 선생님에게 알려주거나, 학교에서 도서관에 방문하거나 도서관 사서가 학교를 방문하여 독서 방법을 알려주고 있다.

다소 먼 곳에 살아 도서관 이용이 불편한 이용자들을 위해 이동도서관 버스 두 대가 운영되고 있다. 핀란드 이동도서관의 역사는 1914년부터 시작되었다. 처음에는 말에 수레를 끌고 농촌 지역을 다니며 책을 빌려주었다고 한다. 이후 1950년대에는 지방정부가 자비를 들여 차를 구입하여 운영하고, 1961년에 여러 지역으로 확대되었다. 여름에는 자전거 이동도서관이 열리는데, 공원이나 축제장을 방문하여 책을 빌려준다.

이동도서관 차량이 보관된 1층에는 커다란 문서고 같은 방이 있는데, 이곳에는 빨간 가방이 있었다. 장애인이나 거동이 불편한 분들을 위해 사서가 직접 방문하여, 책을 전달하는 서비스를 제공하는 가방이다.

핀란드에서 가장 독서율이 높은 탐페레시립도서관

인구 22만의 공업도시 탐페레Tampere에 위치한 탐페레시립도서관Tampere Main Library Metso은 1837년에 개관하였고, 1986년 공간을 개조하여 지금의 모습을 갖추고 있다. 외관은 핀란드의 상징 새인 뇌조의 모양을 형상화하였다. 1층에는 핀란드에서 가장 유명한 아동문학 작가인 토베 얀손Tove Jansson의 무민숍이 운영되고 있으며, 2층에는 일반 열람실과 어린이실이 있다. 3층은 카페와 함께 음악자료실, 전시실, 사무실 등이 있다. 탐페레시립도서관은 현재 열네 개의 분관과 두 개의 이동도서관, 다섯 개의 병원 및 노인과 장애인 시설 도서관을 관할하고 있다.

핀란드에서 가장 독서율이 높은 도시가 템페레라고 한다.

△ 탐페레시립도서관

탐페레시립도서관은 "도서관은 문화, 교육, 여가 생활을 지원하고 복지를 증진한다. 도서관은 공공의 문화유산을 보존하고 전달하며 민주주의와 평등을 발전시킨다"라는 철학으로 운영된다. 더불어 변화하는 시대에 맞게 도서관을 배움의 공간, 영감을 주는 공간, 만남의 공간, 창조의 공간으로 구성할 것을 강조하고 있다.

탐페레시립도서관에 도착하니 관장이 직접 나와 핀란드 전반의 도서관 정책과 흐름을 자세히 설명해주었다. 핀란드는 1928년에 의회에서 공공도서관법을 세웠다. 핀란드의 모든 도서관은 모든 사람에게 열려 있고 무료로 개방된다. 핀란드의 도서관은 지방자치단체도서관, 연구 도서관, 학교 도서관으로 도서관 네트워크를 구성하고 있으며, 열여덟 개 지방자치단체 도서관은 상호대차를 각 지역에서 제공하고 있다. 2014년 통계에 의하면, 핀란드 국민은 1인당 16.8권의 책을 읽고 있으며, 도서관 방문은 1인당 10회, 전체 국민의 77퍼센트가 연간 한 권 이상의 책을 구입하는 것으로 조사되었다. 도서관을 관할하는 부처는 교육문화부이며, 도서관 사업은 종합 교육과 더불어 기초 서비스에 속한다.

대통령 부부가 직접 나서서 "우리는 모든 핀란드인이 어린이들에게 책 읽을 시간을 주고 손에 책을 쥐도록 권고한다.

독서는 사고력과 상상력, 감성을 발달시킨다"라는 말로 독서의 필요성을 강조하며, 특히 영부인은 책축제의 주 기획자가 되어 참여하고 있다.

또한 공공도서관은 학교도서관과 연계해 모든 학생에게 정보검색, 북토크, 도서관 이용 교육, 전자자료 이용 교육, 숙제 도우미 등의 활동을 하고 있다. 특별히 청소년들을 위해 복합적인 매체를 활용할 뿐 아니라 2015년에는 핀란드 리딩센터를 통해 850명의 작가를 학교에 초청하여 작가와 학생들이 직접적으로 만날 기회를 제공하기도 하였다.

삼폴라도서관

탐페레시립도서관 방문 이후 사서들의 안내를 받으며 두 개의 분관을 방문하였다. 걸어서 갈 수 있는 곳에 고등학교가 있는 삼폴라도서관Sampola Kirjasto과 버스로 15분 정도 걸리는 곳에 있는 리에라흐티도서관Lielahti Kirjasto을 방문하였다.

장서 6만 5000권을 보유하고 일평균 1200여 명이 이용하는 메토스삼폴라도서관은 1962년 성인교육센터로 문을 열었고, 2003년 확장 이전하여 현재의 모습을 갖추게 되었다. 개인에게 100권의 책을 빌려주고 있다. 다소 규모가 작기는 하지만 이동 가능한 서가를 배치해 공간을 효율적으로 이용하고 있었다. 또 건물 가운데에는 작은 집 모양의 구조물이 있어 평소에는 아이들이 소꿉놀이 등을 할 수 있었다. 집처럼 꾸며진 이 시설은 문을 사방에서 열 수 있어 공연이 가능한 소규모 무대로 변신하기도 한다. 장기간 대출되지 않는 책이나 훼손되거나 여러 이유로 도서관에서 폐기를 결정한 책들은 도서관 입구 한쪽에서 벼룩시장의 형태로 판매하고 있다.

리에라흐티도서관은 핀란드 도서관의 새로운 추세를 반영하고 있다. 즉 이용자가 있는 곳으로 도서관이 찾아간다는 것이다. 리에라흐티도서관은 대형 쇼핑몰 2층에 자리 잡고 있다. 기업에 저렴한 임대료를 지불하고 사용하고 있다. 같은 층에 병원도 있고 노인요양시설도 있다. 이렇듯 별도의 공간이 아닌 쇼핑몰에 도서관을 둔 이유를 물어보니 이용자들이 더욱 편리하게 여러 서비스를 한 곳에서 해결할 수 있는 곳이 바로 도서관에 가장 잘 어울리는 장소라는 답변을 들을 수 있었다.

현대적인 도서관의 이미지는 이 도시의 느낌과 맞아 떨어지고 있었다. 초등학교가 가까이 있기 때문에 방과 후에 어린이들의 이용이 아주 많다는 것을 증명하듯 탐방단이 방문했을 때에도 한 무리의 초등학생이 컴퓨터 앞에 모여 열심히 게임을 하는 모습을 볼 수 있었다. 또한 이곳에도 많은 종수의 잡지 서가가 있었는데, 모두 158종이다. 이 지역에서 발간하는 모든 저널이나 잡지, 신문 등을 반드시 구비하게 되어 있다고 한다. 음악실도 있었는데, 이용자가 직접 연주도 하고 영상 제작도 가능했다. 어린이들이 자유롭게 상상력을 발휘할 수 있게 구성된 도서관이었다.

노인요양시설과 연결되어 있는 강당에는 출입구가 두 개 있어 시설에 있는 노인들이 언제든 도서관을 이용할 수 있었다. 강당에서는 특별한 공연과 강연 등의 행사가 자주 열린다고 했다. 어린이실은 작지만 아늑하게 꾸며져 있어 부모와 어린 자녀들이 편안하게 이용할 수 있었다. 많은 책을 두기보다는 알맞게 안내되어 있는 책들에서 더욱 편안함을 느낄 수 있었다.

사서와 헤어지면서 사서로서 만족하는지 물어보았다. 다른 직업에 비해 연봉이 높은 편은 아니지만 지위는 높아 만족하고 있다는 대답을 들었다.

음악 전문도서관 라이브러리 10

핀란드의 둘째 날은 무척 바빴다. 템페레를 방문하고 헬싱키 중앙역으로 돌아온 탐방단은 저녁 식사를 하기 전 욕심을 내기로 했다. 따로 방문할 시간을 내지 못하니 조금이라도 시간을 아껴 돌아보기로 한 곳이 바로 도서관과 서점이었다. 다행히 헬싱키 중앙역 앞에 있는 라이브러리Library 10을 방문한 것이다.

라이브러리 10은 규모는 크지 않았지만 사람들로 북적였다. 1층에는 상점이 있었고, 2층에 직사각형 모양으로 긴 통로가 있었다. 문이 없는 것처럼 사람들이 오고 갔다. 그러나 들어가 보면 이곳도 다른 도서관처럼 모든 자료가 서가에 구비되어 있으며, 어린이를 위한 코너도 있다. 여유롭게 신발을 벗고 들어가 음악을 들을 수 있는 곳도 있었다. 또한 3D 프린터와 재봉틀도 있고 피아노와 기타가 있었다. 누구든 마음껏 자신을 표현할 수 있는 다양한 매체가 있다는 것에 놀라움을 금할 수 없었다.

이 도서관의 개방 시간은 평일 오전 8시부터 오후 10시까지, 주말은 정오부터 오후 6시까지다. 하루에 2000명이 이용하며, 젊은 층이 많다는 것을 눈으로 확인할 수 있었다. 이 도서관은 음악 전문 도서관을 표방하며 개인 음악 트레이너가 있어 음악에 대한 추천, 조언, 장비에 대한 기술적인 조언이나 안내를 해준다. 더불어 그룹 작업실, 스튜디오, 공연장, 미팅 장소, 영상, 음악 감상실, 게임실 등을 무료로 대여할 수 있다.

아마추어 음악인들도 이곳에서 마음껏 연습할 수 있을 뿐 아니라 소중한 음악 자료를 보관하고 관리하여 마니아층에게도 도움을 준다. 도서관이 문화 시민을 양성하는 데도 한 몫을 하고 있다는 점이 남다르게 보였다.

핀란드에서 꼭 다시 가보고 싶은 곳, 리카르딩카투도서관

　헬싱키 시내 대성당 앞을 지나 신고전주의 건물들에 둘러싸인 원로원 광장에 들어선다. 원로원 광장 앞에 서면 나폴레옹 2세의 동상 옆으로 멋진 남녀 동상을 볼 수 있다. 한 손에는 낫을 들고, 한 손에는 횃불을 들고 있는 동상의 모습은 이 광장에서 벌어진 역사의 한 장면을 연상케 한다. 원로원 광장 앞에는 장인들의 손길이 느껴지는 상가들이 있다. 몇 대를 이어오고 있는 핀란드 전통 칼 가게와 크리스마스 장식으로 가득한 산타가 반기는 가게, 파란색을 자랑하는 핀란드 전통 무늬가 아로새겨진 그릇을 파는 가게 등 볼거리들이 즐비하다. 마치 옛길을 추억하며 걷는 느낌이다. 거리에는 트램(노면전차)이 지나간다.

　원로원 광장을 뒤로 하고 골목을 벗어나면 발트해가 보인다. 토요일이라 사람들이 들뜬 것이 느껴지며, 여기저기 음악 소리가 들린다. 간이 댄스홀에서 음악에 맞추어 자유롭게 춤을 추는 사람들과 선상에서 먹을거리를 파는 상인들, 여러 가지 맛을 자랑하는 음식들과 과일 상점, 특산품을 파는 노점상들이 바다가 보이는 해안가에 진풍경을 만들어내고 있었다.

즐거운 풍경과 맛을 느껴서인지 더욱 친근해진 헬싱키 거리를 조금 거닐다 아침 일찍 찾아간 곳이 바로 리카르딩카투 도서관Rikhardinkatu Kirjasto이었다. 도서관의 외관이 아주 오래되어 보였는데, 1882년에 설립한 구 헬싱키 중앙도서관이었다. 이곳의 가장 특징적인 서비스는 헬싱키예술가협회와 협력함으로써 아트갤러리 역할을 하여 그림, 조각, 사진 등 예술 작품을 대출하고 있다는 것이다. 이런 서비스는 당장이라도 도서관에서 진행하면 좋을 것 같아 흥분되었다. 그런데 북유럽 도서관들에서는 요트도 대여해주는 곳이 있다고 한다. 이용자에게 필요한 것이 있다면 구비한다는 그들의 생각에 경의를 표하고 싶다.

1층은 조용하고 아늑한 공간으로, 잡지나 신문을 볼 수 있었다. 복도에는 아트북이 전시되어 있어 볼거리를 제공했다. 어린이열람실에서는 나이 많은 사서를 만날 수 있었다. 이곳에서 30년 넘게 근무했다는 그는 핀란드에서 가장 유명한 그림책 일러스트를 소개해달라는 우리의 요구에 좀 의아한 표정을 짓더니 금방 이해가 간다는 표정으로 서가 여기저기를

돌아다니며 그림책을 찾아와 친절히 설명해주었다. 핀란드에서도 우리는 우리 방식대로 질문을 던지고 있었다. '최고', '가장 좋아하는' 같은 단어들에 그들은 익숙하지 않다는 것이 바로 사서가 우리의 질문의 요지를 파악하지 못한 이유임을 뒤늦게 깨닫게 되었다. 각자 좋아하는 작가와 내용이 다름을 인정하는 것에 우리는 익숙하지 않다. 늘 최고여야 인정 받는다는 강박에 시달린 우리는 여기 있는 모든 책들은 다 소중하고 좋다는 사서의 말에 낯이 뜨거워졌다. 볕이 그대로 창문을 통해 들어와 환한 어린이실을 더욱 따뜻하게 만들어주었다.

◁▷ 리카르딩카투도서관 외관과 내부

창가에 소박하지만 정성스럽게 주제별, 작가별 그림책과 간단한 엽서 및 편지 등이 전시되어 있었다.

 어린이실을 벗어나 나선형의 계단을 올라가는 길에서 옛 책이 뿜어내는 세월을 고스란히 느낄 수 있었다. 핀란드의 도서관을 방문하며 느낀 점 중 하나는 책은 읽기 위해 존재한다는 것이다. 아무리 고전이라고 해도 서가에서 자연스럽게 읽는 이를 만나게 해주고 있었다. '만지지 마세요', '눈으로만 보세요'가 아니라 직접 서가에서 책을 뽑아 읽어볼 수 있는 자유로움에 감탄하였다. 그리고 오래된 서가와 낡은 창가에 적당한 조명의 스탠드와 함께 안락한 의자가 마련되어 있어 책을 꺼내 편안하게 책 속으로 빠져들게 하고 있었다. 창가에도 쿠션과 방석을 놓아두어 편안하게 누워 책을 볼 수 있었다. 다른 건물의 지붕이 그대로 내려다보이는 창가는 금방이라도 새로운 소설 하나쯤은 상상해낼 영감을 자아내게 했다. 이런 공간을 꾸미기까지 도서관 운영자들은 수없이 이용자들의 동선을 살폈을 것이며, 도서관이 줄 수 있는 최고의 서비스를 제공하려 노력했을 것이다. 아주 잠시 머문 도서관이 두고두고 머릿속에 남는 이유는 무엇일까? 언젠가 꼭 다시 와서 저 창가에 누워 종일 책을 읽다 돌아가는 여유를 한번 느끼고 싶다는 강렬한 꿈이 새롭게 생겨나는 시간이었다.

■ 스웨덴

우리가
꿈꾸던
도서관이 있는 곳

　핀란드에서 스웨덴으로 이동할 때는 발트해를 건너는 실자라인을 이용하였다. 배가 서서히 바다를 가르며 헬싱키 주변을 벗어날 때쯤 갑판으로 나가 유유히 넓은 바다를 바라보며 핀란드와의 아쉬운 작별을 고하였다. 여기저기 흩어져 있는 작은 섬들과 그 속에 장난감 집처럼 옹기종기 자리 잡은 별장과 성곽이 눈에 들어왔다. 화려한 실자라인 안은 작은 도시를 옮겨놓은 듯해 마음껏 휴식을 취할 수 있었다.
　스웨덴은 교통편이 잘 발달되어 있었다. 스톡홀름 항구에서 커다란 여행 가방을 굴리면서도 어렵지 않게 대중교통을 이용해 도심에 도착할 수 있었다. 스웨덴에서는 도서관만 살피고 돌아왔다. 스톡홀름을 중심으로 최대한 많은 도서관을 찾아다녔다.

스웨덴의 도서관은 우리에게 많은 교훈을 주었다. 새로운 아이디어를 얻었고, 우리가 놓치고 있던 도서관 문화의 흐름을 엿볼 수 있었다. 스웨덴에서 본 도서관의 모습을 좀더 스웨덴의 역사와 연관시켜 이해할 수 있었으면 했으나 그런 식견이 없음이 안타까웠다.

첫 목적지는 쿨투후셋Kulturhuset이었다. 스톡홀름 세겔광장에 위치한 건물로, 자신의 땅을 문화 공간으로 활용하길 바라며 기증한 건축주의 의도에 따라 페테르 셸싱Peter Celsing이 설계하여 1974년에 완공하였다.

스톡홀름 문화의 중심지 쿨투후셋

건물 안에는 여섯 개의 도서관과 전시장, 극장, 인형극장, 영화관, 카페가 있으며, 지하철과 연결된 지하부터 문화 공간이 펼쳐져 있어 모든 연령대가 함께 쉽게 이용할 수 있었다. 전 층을 자세히 관람하려면 하루가 넘을 것으로 보인다. 누구나 관람하기 편한 구조이기에 늘 이용하던

△ 세겔광장 도서관

사람처럼 도서관과 여러 시설을 돌아볼 수 있었다. 다만 10세~13세까지만 출입이 가능한 청소년실 티오트렌톤Tio Tretton은 절대 들어갈 수 없도록 바닥에 라인을 그려놓았다. 다른 나라에서 방문했으니 꼭 보고 싶다고 애타게 졸라 보았으나 규정에 따라 입장은 허락되지 않았다. 그 공간이 과연 어떻게 되어 있을지 궁금했지만, 청소년들이 마음껏 향유할 수 있는 그들만의 공간이라는 점에서 궁금증도 잠시 내려놓아야 했다.

세겔 광장과 바로 이어지는 전체 건물의 지하에는 미술과 문학 도서 중심으로 구성된 자그마한 도서관이 있었다. 처음 들어가 보고는 서점인가 싶었다. 서가에 책들이 여유롭게 꽂혀 있었고, 펼쳐져 있는 책들, 전시된 책들이 편안하게 읽기를 권하는 느낌을 주었다. 단편소설이나 유머 등 주제별로 서가가 구성되어 있으며, 예술 분야에는 미술 관련 책과 디자인 책, 사진책이 있었다. 소파에 거의 누운 자세로 이어폰을 끼고 책을 보는 사람들이 있었고, 혼자 책을 볼 수 있는 작은 테이블도 디자인이 돋보였다. 도서관 유리를 통해 광장을 오가는 사람들의 움직임이 한눈에 보이고, 뒤편으로는 유모차 보관소와 공연장 같이 넓은 홀, 컴퓨터 검색대 등이 지하철 입구로 통하는 길과 연결되어 있다.

도서관 한편에는 멋스러운 디자인의 드럼통이 있었는데, 폐기 도서나 과월호 잡지 등을 담는 통이었다. 쿨투후셋 1층에는 안내소가 있고 한쪽에는 넓은 강당이 있는데, 저녁에 이곳에서 젊은이들의 공연이 펼쳐지고 있었다.

쿨투후셋은 가로가 매우 넓은 구조로, 양쪽으로 다양한 방들이 있었다. 중앙 주 출입 계단을 이용하여 올라가면 여러 방들의 구성을 볼 수 있었다. 처음에는 보지 못했다가 내려오면서 보게 된 1층의 공간 라바비블리오테크&베르크스태드

Lava Bibliotek & Verkstad는 14세~25세를 위한 도서관이다. 이곳이 도서관인가 싶을 정도로 다양한 기구와 공간이 있었다. 재봉틀이 있고 암실이 있으며, 공연을 하는 작은 무대도 있었지만 결코 큰 공간이라 할 수는 없었다. 음악 또는 팟캐스트를 위한 사운드 작업장도 있었다. 재봉틀을 활용한 수선 및 만들기도 가능하고, 예술 공예 작품을 만들 수도 있다. 3D프린터를 이용할 수도 있다. 다양한 콘서트, 누구나 가능한 전시, 저자와의 만남, 독서 그룹도 진행된다고 한다.

쿨투후셋 2층에는 영화와 음악 분야의 도서관인 비블리오테크필름&무지크Bibliotek Flim & Musik가 있다. 이곳에는 영화와 음악 관련된 책들이 있으며, 이 분야 특성에 맞게 CD, DVD, LP 자료도 있다. 영화 상영과 영화를 주제로 한 강연 등이 이루어진다.

2층에 또 다른 공간으로는 스웨덴 유일의 만화 전문 도서관 세리에테케Serieteket가 있다. 세겔 광장이 한 눈에 펼쳐지는 탁 트인 공간에서 천장에 매달려 있는 둥근 원형의 의자에 앉아 종일 만화를 보면 정말 좋겠다는 생각이 절로 들었다. 그 앞 화려한 의자 또한 환상적이게 예쁘고 재미있게 생겼다. 이곳 한편에 바로 청소년 전용 공간인 티오트렌톤이 있다.

쿨투후셋의 5층은 어린이실이다. 영아부터 9세까지의 어

△ 쿨투후셋 2층 영화와 음악도서관
▽ 쿨투후셋 어린이열람실

린이들이 이용한다. 어린이들의 쾌적한 이용을 위해 120명으로 인원을 제한하고 있다. 우리가 방문한 날에는 이곳에서 근무하다 정년퇴직한 사서가 입구 바깥에서 인원 점검을 하는 자원봉사를 하고 있었다. 밖에서 기다리는 아이들에게 이야기를 걸어주기도 하는 등 이곳을 사랑한다는 느낌을 지울 수가 없었다. 입구 바깥에는 놀이 기구도 있어서 대기하는 아이들이 놀 수 있었다. 어린이실은 입구부터 저절로 탄성을 지를 수밖에 없을 정도로 정성스럽고 정갈하게 꾸며져 있었다. 나무로 짠 벽면 서가에서 풍기는 나무 냄새가 너무 좋았다.

　아이들은 젊은 사서의 도움을 받으며 이야기 퀴즈 놀이를 통해 책을 즐겁게 접하였다. 부모와 함께 온 아이들은 둘만의 소파에 앉자 자연스럽게 책을 읽었다. 이야기방에는 저절로 이야기 속으로 빠져들게끔 고풍스러운 책들을 배경으로 배가 놓여 있었다. 천장에 매달린 숄들에 비친 조명과 음악이 합쳐지니 환상의 나라로 여행을 온 듯했다. 서가에는 스웨덴의 대표 작가 아스트리드 린드그랜Astrid Lindgren이 웃으며 아이들을 서가로 안내하고 있었다. 특히 하늘과 우주, 새 같은 분류의 책들은 높은 곳에 있었고, 땅, 물고기 등은 아래 서가에 배치함으로 자연스럽게 사물의 특징을 익히도록 배려하였다. 이곳이 바로 아이들의 책세상이었다.

어린이실 한편에는 아이들이 자유롭게 그림을 그릴 수 있도록 준비된 방이 있었다. 약간의 재료비를 내고 미술방 안에 있는 다양한 미술 도구를 사용하여 그림을 그릴 수 있었다. 부모들은 그저 아이들에게 방해되지 않도록 한쪽에서 기다리고 있거나 책을 읽고 있었다.

두 도서관에서 '책은 모든 이용자를 위한 것'임을 배웠다. 두 도서관 모두 소장된 자료들을 너무나 쉽게, 누구나 직접 읽어볼 수 있게 하고 있었다. 낡아 부서질 것 같고 누렇게 변색된 책들 또한 서가에서 이용자들과 바로 만날 수 있었으며, 마이크로필름 자료실도 누구나 이용할 수 있었다.

스톡홀름시립중앙도서관과 스웨덴 왕립도서관

스톡홀름시립중앙도서관Stockholms Stadsbibliotek은 1928년 문을 열었고, 스웨덴 왕립도서관Kungliga Bibliotek은 16세기 구스타브 1세 때 시작되었다. 스웨덴 왕립도서관은 1961년 납본제도를 도입한 납본도서관으로, 스웨덴어로 된 모든 인쇄자료를 수집한다. 다양하고 독특한 컬렉션을 소장하고 있는데, 소장한 모든 자료는 온라인을 통해 확인할 수 있다. 현재는 구관 옆에 자연스럽게 신관이 세워져 고풍스러운 건축물

▲ 스톡홀름시립중앙도서관

과 현대적인 느낌의 세련된 건축물이 함께 있다. 두 곳 모두 사람들의 접근이 쉬운 도심에 있었다.

스웨덴은 의외로 도서관법이 늦게 정비되었다. 2014년에 새로운 도서관법이 제정되었는데, 도서관법에서 가장 중요한 점은 스웨덴에 머무는 누구나 이용 가능하도록 명시하고 있다는 것이다. 중립국의 위치를 잘 지키고 있는 스웨덴은 난민을 많이 수용하고 있으며, 이들이 정착을 위해 가장 먼저 찾고 도움을 가장 많이 받을 수 있는 곳이 도서관이 될 수 있도록 도서관법 제정 때에도 많은 토론을 거쳤다는 이야기를 전해 들었다. 즉 난민들도 언제든 도서관을 자유롭게 이용할 수 있는 것이다.

스웨덴에서는 거리에서 구걸을 하는 난민이나 집시를 많이 볼 수 있었다. 난민의 유입이 많아짐에 따라 사회 문제가 생기기도 하지만 난민들의 숙소와 병원 등을 유치하는 일을 등한시하지 않는다. 이런 스웨덴 국민들의 사고가 어떻게 형성될 수 있었는지 자못 궁금해졌다.

스톡홀름에는 총 43개의 공립도서관이 운영되고 있다. 모두 직영이고 한 곳만이 실험적으로 민간에서 운영하고 있다. 전체 400명의 인력 중 사서는 300명이고, 100명은 시간제로 일하고 있다. 시립중앙도서관을 중심으로 먼 지역에는 이동도서관 버스가 수시로 운행하고, 병원이나 노인 시설에도 도서관을 갖추고 있다. 도서관은 모두 네트워크로 연결되어 상호대차가 이루어지고 있었다.

어린이실의 천정에는 1928년 당시 설계를 맡았던 군나르 아스푸른트Gunnar Asplund의 탄생 별자리가 새겨져 있었다. 이야기실 내부에는 안데르센 동화의 이야기를 닐스 다르델Nils Dardel이 벽화로 그려놓았다. 조명과 낮은 나무 의자와 빨간 톤의 벽화들이 어우러져 이야기의 세계로 이끌고 있었다. 시립중앙도서관의 가구는 건축 당시 건축가가 직접 디자인한 가구들과 의자들인데, 아직 그대로 사용하고 있다.

시립중앙도서관의 대출 권수는 50권으로 4주간 빌릴 수 있다. 스웨덴 대부분의 도서관 대출 권수가 우리보다 월등히 많았는데, 이는 북유럽 나라들의 높은 독서율과도 관계가 있는 것으로 보인다.

스웨덴의 도서관을 방문하면서 이들은 과연 어떤 분류 체계를 쓰고 있는지도 궁금했다. 스웨덴은 미국의 DDC 분류 체계를 사용하지 않고 스웨덴 자체 분류 체계를 따르고 있다. 픽션과 논픽션으로 크게 나누고, 국내 작가와 국외 작가로 분류한다. 책등에 국내외 작가 표시 정도만 있고, 자세한 책 정보는 뒤표시에 부착한 바코드에 담겨 있다. 사서들의 이용자 서비스 중에서 사서예약제가 있는데, 사전 예약으로 책을 예약할 수 있고 15분 동안 개인에게 무료 법률 상담 등을 진행하고 있다. 스톡홀름시립중앙도서관 옆 건물에는 분관인 국제도서관이 별도로 있다. 이곳에서 다문화도서의 열람과 대출이 가능한데, 여섯 달 동안의 장기 대출이다.

설명을 담당했던 이동도서관 사서는 원래 교사였으나 본인의 의지에 따라 현재 이동도서관 사서를 하고 있으며, 스톡홀름 외곽 지역이나 유치원 등을 정기적으로 방문하여 책을 빌려주고 있다. 1년에 6회 정도 방문을 진행하는데 아이들이 기억해주고 반길 때마다 자신의 일에 대한 자부심과 기쁨을 느끼기에 계속하고 싶다고 하였다.

스웨덴 왕립도서관은 18세 이상부터 이용 가능하며 일요일을 제외하고 평일 모두 개관하나 겨울과 여름의 운영 시간에 다소 차이가 있다. 도서관 이용 시에는 사물함에 옷과 가방을 넣어두고 들어가야 하며, 도서관에 딸린 레스토랑을 이용할 수도 있다. 스웨덴 왕립도서관의 현재 건물은 1877년에 신축되었으며, 1878년 대중이 이용할 수 있는 국립도서관으로 개방되었다. 1952년 국가서지목록 작성 업무를 시작하였다. 1979년부터 오디오 및 영상 미디어 자료를 기록하고 저장해오고 있으며, 2009년 국립음향영상기록원이 국립도서관에 통합되었다.

이곳에는 아스트리드 린드그렌의 자필 원고와 메모 수첩, 서신, 신문 기사 등이 소장되어 있는데, 린드그렌의 장서는 유네스코 세계기록유산으로 등재되어 있다. 스웨덴 국립도서관이 자랑하는 포스터 컬렉션은 세계에서 가장 크고 오래되었으며 가장 잘 보존되어 있다. 1960년 자료부터 현재 50만 장 이상을 보유하고 있다. 1979년부터는 스웨덴 일간 신문을 마이크로필름화하는 작업을 수행하였는데 방문 당일에도 일반인들이 오래된 신문이 담겨 있는 마이크로필름을 자유롭게 판독기에 넣어 보고 있었다.

스톡홀름시립중앙도서관과 스웨덴 왕립도서관 모두 보유 장서도 부러웠지만 자유롭게 이용 가능하다는 점에서 한없는 부러움을 느꼈다. 책을 포함한 모든 자료가 이용자를 위한 것이라는 스웨덴 도서관의 정신이 깃들어 있다.

마을 안의 도서관

작은도서관 운영자에게 가장 중요한 것은 마을의 이용자들이고, 마을의 특성은 이용자들의 성향과 장서의 특징들을 반영한다. 마을에는 아이들이 있고, 이를 지켜보는 어른들이 있다. 작은도서관은 그들을 이어주는 공동체의 복원을 소중한 목표로 삼고 있다. 북유럽 도서관 탐방 계획을 세우면서도 우리는 더욱 깊숙이 주민과 함께하고 있는 도서관의 사례를 찾고 싶었다. 스톡홀름시립중앙도서관 관계자는 이런 우리의 마음을 읽었는지 꼭 시간을 내어 루마도서관과 시스타도서관을 관람할 것을 요청했다.

먼저 가족 도서관인 루마를 소개한다. 루마도서관$_{Luma\ Bibliotek}$은 스톡홀름 함마르비에 있다. 함마르비는 세계적으로 유명한 친환경 도시로, 많은 사람이 친환경 도시의 모델을 보기 위해 찾는 곳이기도 하다. 커다란 호수를 낀 낮은 아파트촌이 보이고, 아파트 바로 앞으로는 시냇물이 흐른다. 정화된 공장폐수가 마을을 관통하여 호수로 흘러 들어가고 있는 것이다. 많은 산업 시설이 있고 정책적으로 젊은층의 유입을 유도하기 위해 다양한 혜택을 주고 있어, 특히 젊은 부부가 이곳으로 많이 이주해오고 있다. 스톡홀름까지 편리한 교통편이 제공됨에 따라 외곽 도시의 이미지를 탈피하려는 중이다.

루마도서관도 이러한 정책의 한 사례다. 루마도서관은 옛날 전구 회사를 리모델링하여 새롭게 조성한 도서관이다. 2011년에 개관하였으며 장소의 역사성을 이어받아 전구 모양을 상징하는 가구와 전등이 눈길을 사로잡는다. 강렬한 붉은 주황색톤의 소파가 있는 공간은 도서관에서 가장 매력적인 공간이다. 이곳은 젊은 부부가 많아서인지 유모차를 끌고 도서관을 찾는 발길이 많았고, 이들을 위해 이야기 시간을 운영하고 있다. 우리를 안내했던 관장이 직접 아이들에게 들려주는 것처럼 우리 탐방단에게도 그림책 『두드려보아요』을 읽어주는 시연을 하여 박수를 받았다.

관장은 찾아오는 모든 사람을 친절하게 데스크에서 맞이

△ 전구 회사를 리모델링한 루마도서관의 인테리어

하고 있었으며, 젊은 사서가 함께 돕고 있었다. 이들은 가족 단위의 이용자들을 위한 다양한 책 소개 이벤트 행사를 기획하며, 특히 처음으로 부모가 되는 사람들에게 도서관에서 준비한 책을 선물로 주고 육아휴직을 한 부모를 위한 책모임을 진행하고 있다. 또한 10~13세 아동의 부모를 대상으로 한 책모임도 진행하는데, 이들은 한 달에 한 권의 책을 읽고 이야기를 나누는 시간을 가진다고 한다.

시스타도서관Kista Bibliotek은 스웨덴 북구의 실리콘밸리로 불리는 과학단지에 위치하고 있으며, 시스타 갈레리아라는 대형 쇼핑센터 2층에 자리 잡고 있다. 시스타가 위치한 이 두 가지의 특징은 바로 이용자층이 말해주고 있다. 에릭슨, IBM, 마이크로소프트 등 1000개 이상의 정보통신 기업, 스웨덴 왕립기술원, 스톡홀름공대 등이 인근에 있어서인지 젊은층과 대학생이 이곳을 많이 이용한다. 이곳은 IT 집약도시로 인구의 78퍼센트가 외국 출신인 다문화 지역이다. 2014년에 새롭게 개관한 이 도서관은 대형 쇼핑몰에 있어 쇼핑도 하고 도서관 이용도 하게 함으로써 이용자들을 찾아 최적의 장소에 도서관을 세우는 북유럽 도서관 정책의 한 면을 또다시 확인할 수 있었다.

시스타도서관의 첫 느낌은 이 도시가 갖는 특성만큼이나

현대적이고 심플했다. 대학생들의 이용 편의를 담은 21개의 스터디룸과 컴퓨터 이용 시설들이 한 층 전체에 넓게 펼쳐져 있다. 한 층에서 모든 것을 해결함에도 어수선하기보다는 세련된 모습을 볼 수 있었다. 이는 구조물과 벽 등을 이용해 각 코너의 특성들을 잘 활용했기 때문이다.

시스타도서관은 덴마크 문화부 산하 문화예술위원회가 제정하고 국제도서관협회연맹(IFLA)이 주관하는 2015년 '세계 최고 공공도서관'으로 선정되었다. 이 상은 2013년 이후 개관한 도서관을 대상으로 미래 도서관의 모델이 될 만한 곳을 선정해서 주는 상이다. 시스타도서관은 다문화 지역에 있는 도서관으로, 지역사회와 협력하고 디지털 서비스 등 이용자에게 다양한 서비스를 제공하는 점에서 높은 점수를 받았다고 한다.

시스타도서관은 25명의 직원이 일을 하고 있다. 365일 중 이틀, 크리스마스와 새해 첫날에만 휴관하고 모두 열고 있는 것도 대단한데, 이민자가 많은 지역의 특성에 따라 사서 중 다른 언어를 할 줄 아는 사람이 다섯 명으로 이들은 15개의 언어를 구사할 수 있다.

스톡홀름 시의회가 채택한 도서관 플랜 3.0의 모토는 "움직이는 도서관이 움직이는 사람을 만나면 무엇이든 일어날

△ 시스타도서관

수 있다"이다. 시스타도서관은 바로 이를 도서관 현장에서 구현하고 있었다.

　스톡홀름 중앙역에서 기차로 30분쯤 걸려 도착한 우플란트-브로Upplands-bro 콤뮨은 인구 2만 5000명의 농업도시이다. 2014년 재개관한 문화회관은 마을이 시작되는 입구에 있었다. 우리나라와 비교하면 다소 규모가 큰 주민자치센터와 문화회관이 결합한 구조라 할 수 있다. 쿵생앤도서관Kung sangens Bibliotek은 문화회관 2층에 있었다. 우리는 문화회관 강당에서 담당자의 안내를 받아 전체 콤뮨에 대한 이야기를 들을 수 있었다. 마을은 조용하였으나 평균 연령이 38.6세라는 것을 알았을 때 젊은 도시임을 알 수 있었다. 담당자는 "어린이가 도서관을 잘 이용할 수 있도록 하는 것이 평생교육에 투자하는 것이라고 스웨덴은 생각한다"고 도서관의 역할과 가치를 강조했다. 학교와 도서관의 연계, 이민자에 대한 배려, 어린이, 노약자, 장애인의 책읽기에 도서관은 앞장서서 나서고 있었다. 또한 도서관이 모든 사람들의 만남의 장소가 되도록 배려하고 있었다.

같은 자치구에 있는 브로도서관Bro Bibliotek은 우플란트-브로 콤뮨에서 운영하는 또 다른 지역 공공도서관이다. 초등학교 가까이, 마을 가장 중심에 있다. 마을은 우리나라 농촌 지역처럼 조용하고 한적했다. 브로도서관은 문화센터와 같은 건물을 사용하고 있어서 방과 후에 아이들이 음악, 미술과 관련된 활동을 진행한다. 아이들이 이곳에서 그린 그림을 도서관 한쪽 벽에 전시하고 있었다. 도서관과 문화센터, 지역 주민의 연계가 원활하게 진행되고 있기에 가능한 일이다.

닐스와 삐삐의 나라 스웨덴

세계 최초의 여성 노벨 문학상 수상 작가 셀마 라게를뢰프 Selma Lagerlöf(1858~1940)는 스웨덴을 대표하는 작가이며, 우리에게는 《닐스의 모험》으로 알려진 작가이다. 만화로 더 친근하게 다가왔던 《닐스의 모험》은 스웨덴 최남단 도시 스코네를 시작으로 스웨덴 최북단까지 험난한 여정을 거치는 주인공 닐스의 이야기이다. 스웨덴의 역사와 문화, 지리를 알 수 있는 가장 손꼽히는 작품이라고 할 수 있다. 작가는 교사로서 스웨덴의 역사와 지리를 어린이들에게 쉽게 알릴 수 있는 책을 만들어 달라는 부탁을 받고 《닐스의 모험》을 쓰게 되었다. 여전히 전 세계의 아이들에게 사랑 받고 있는 《닐스의 모험》이 이렇게 스웨덴 전체의 역사와 지리를 담고 있다고는 생각하지 못했다.

닐스처럼 스웨덴 전체를 돌아보지는 못했지만 아스트리드 린드그렌의 작품으로 구성된 유니바켄 Junibacken을 간 것은 신의 한 수라 표현하고 싶다. 아직도 그곳에서 이야기 기차를 타고 린드그렌이 펼쳐낸 동화의 세계를 보고 왔던 기억이 가득하다. 유니바켄은 작은 동화 세상이라고 표현할 수 있다. 어린아이들이 이곳에서 스웨덴 대표 작가들의 캐릭터를

△ 유니바켄

만날 수 있고, 삐삐의 별난 별장에서 놀고, 삐삐가 타고 다녔던 점박이 말을 볼 수 있으며, 삐삐와 무도회를 펼칠 수도 있다. 이곳을 방문한 적이 있는 아스트리드 린드그렌은 자기 작품의 캐릭터를 만들어준 다양한 그림 작가들과 함께 이 공간을 꾸몄으면 좋겠다는 말을 남겼다고 한다. 스웨덴의 모든 도서관에서는 아스트리드 린드그렌의 작품을 만날 수 있었다.

그만큼 모든 스웨덴 아이들과 부모들이 함께 읽고 함께 즐기고 기억하는 작가이다. 린드그렌이 그려낸 '삐삐'는 오늘날 스웨덴의 모든 곳에 살아 움직이고 있었다.

유니바켄을 다녀오며 우리에게도 모두에게 사랑받고 믿고 따르는 아동문학 작가가 있음을 기억했다. 권정생 그리고 그의 작품《강아지똥》이다. 권정생의 작품을 기억하고 영원히 살아 숨 쉬게 하는 그런 공간에 대한 열망이 생긴다.

■ 덴마크

역사를 건축에 담아 기억할 줄 아는 나라

무더위가 이어지던 어느 여름, 급기야 베란다에 놔둔 달걀에서 병아리가 부화했다는 소식이 들려왔다. 세상에 기상천외한 일이 수없이 벌어지는데, 뭔지 모를 무서움이 느껴진다. 더위를 식히기 위해 샤워기로 연신 차가운 물을 온몸에 끼얹으면서 물 한 모금이 아쉬워 목말라하는 지구 어느 곳의 아이를 떠올린다. 어떻게 사는 것이 행복한 것인가? 더위에 근원적인 질문을 던지게 된다.

세계에서 가장 행복한 나라, 국민 대부분이 행복하다고 답하는 나라 덴마크. 덴마크를 생각하며 한 권의 책을 읽었다. 말레네 뤼달Malene Rydahl이 쓴《덴마크 사람들처럼》(강현주 옮

△ 덴마크의 상징인 인어공주 조각상
▽ 코펜하겐 풍경

김, 마일스톤, 2015)이다. 밀레네 뤼달은 덴마크에서 태어나 열여덟 살에 프랑스에 건너가 공부하고 20년 동안 그곳에서 생활했다. 오랜 외국 생활을 통해 덴마크가 왜 행복한 나라인지 다시 확인할 수 있었다고 한다. 책에서 그녀는 두터운 신뢰, 스스로 생각하고 사회에서 자신의 자리를 찾게 하는 교육, 자유와 자율, 기회의 균등, 현실에 바탕을 둔 기대, 공동체 의식, 가정과 일의 균형, 돈에 초연한 태도, 겸손, 평등한 성의식을 소유한 덴마크 사람들을 소개한다.

150년 전 덴마크 교육 사상의 바탕이 되어준 니콜라스 그룬트비Nikolaj Grundtvig와 한스 크리스티안 안데르센Hans Christian Andersen의 영향은 덴마크 곳곳에 살아남아 덴마크 사람들의 행복의 조건이 되고 있었다.

도시의 중심, 코펜하겐중앙도서관

코펜하겐 중앙역에서 15분쯤 걸어가면 중심가인 크리스탈 거리가 나온다. 이곳에 코펜하겐중앙도서관Københavns HovedBiblioteket이 있다. 코펜하겐대학교 바로 앞에 있어 골목 하나를 사이에 두고 대학 도서관의 불빛이 보일 정도다. 대학가라 그런지 젊은이들이 많았다. 상점들 사이 북카페처럼 보이는 곳이 코펜하겐중앙도서관이었다. 1층 로비는 사람들로 북적였다. 도서관 1층에 있는 커피숍에서 따뜻하고 진한 커피 한 잔과 부드러운 크루아상을 먹는 기쁨을 맛볼 수 있다.

코펜하겐중앙도서관은 장서 61만 권을 소장하고 있고, 연간 방문자 수는 85만 명, 대출은 70만 권에 이른다. 전체 직원은 80명으로, 다양한 이벤트가 이루어지고 있다. 운영비는 800만 유로인데, 이중 직원 월급이 500만 유로다. 코펜하겐중앙도서관은 1904년부터 1905년에 걸쳐 지어졌고, 주변 건물들은 1980년대 지어졌다. 현재의 도서관은 1993년에 건물을 수리하여 옮겨온 것이다.

도서관은 총 5층이며 1층은 만남의 공간으로 카페가 운영되고 있다. 이용자들은 이곳에서 복사, 스캔, 셀프서비스 대출, 컴퓨터 등을 이용할 수 있다. 소장했던 도서 일부를 저렴한 가격에 판매하기도 한다. 그림책과 소설류 등 다양한 책이 넓은 테이블에 전시되어 있고, 필요한 경우 구매할 수도 있다. 2층은 정보 서비스 및 시민 서비스를 제공하는 공간이다. 시민 서비스는 시민 라이선스나 운전면허증, 건강카드 발급 등의 업무인데, 셀프서비스로 진행되고 있었다. 2층 열람실에는 소설류와 외국어 도서, 문학, 오디오북, 전기 관련 도서가 비치되어 있다.

△ 쿠페하겐중앙도서관 내부

3층은 음악, 예술, 영화 분야의 자료가 있으며, 관련 자료들은 사서를 통해 안내 받을 수 있다. 어린이자료실도 3층에 있다. 4층은 IT 관련 자료, 사회, 과학, 여행, 문학, 언론, 심리학, 사회학, 정치, 법률, 의학, 요리 등 논픽션 도서가 있으며 학습 공간이 마련되어 있다. 5층에는 정기간행물과 잡지가 알파벳순으로 정리되어 있으며 프리스 리더를 통해 수백 종의 신문을 볼 수 있다. 또한 역사, 스포츠, 바느질 및 기타 자료가 비치되어 있다.

일반자료실에서는 성인을 위한 아이패드 사용법, 인터넷 검색법, 여행 지도 익히기 등의 교육뿐 아니라 연구자를 위해 참고문헌과 자료를 찾는 법을 알려주는 교육도 실시하고 있었다. 특히 이메일로 관심 있는 책에 대한 의견을 보내면 책모임이 구성된다. 고전문학, 제임스 조이스 책읽기, 탐험가, 영어 판타지 소설 등 여러 책모임이 진행되고 있었다. 또한 아침 노래, 콘서트, 음악회, 저자와의 만남, 영화 상영, 법률 상담 등이 이루어진다.

어린이자료실은 나이에 따라 나누어 책장을 구성했으며, 편안하게 책을 볼 수 있는 공간을 마련해놓고 있었다. 어린이 책 전문 사서가 어린이와 청소년에게 유익한 책을 권해주고 있었다. 어린이자료실 곳곳에 사서가 권하는 책, 도서관에서 많이 대출되는 책 등을 별도로 전시하였다. 도서관 직원들은 모두 문화에 대한 광범위한 지식을 가지고 있어서 신속하게 책과 게임을 찾아주거나 아이들이 원하는 웹사이트를 알려준다. 서가에는 바퀴가 달려 있어서 공연시 이동이 가능하다.

코펜하겐중앙도서관뿐 아니라 덴마크의 도서관에서는 어린이들에게 무료로 책을 나눠주고 있는데, 가능한 한 빨리 책을 만나서 책 읽는 즐거움을 알기를 희망하는 차원에서 이루어지는 일이다. 여름에는 여름 독서 캠페인을 진행한다. 휴가 기간 동안 어린이들이 더 많은 책을 읽을 수 있도록 권장하고 있다. 월별로는 어린이 요가, 창의적인 워크숍, 작가와의 만남과 읽기, 연간 축제로 예를 들어 어린이를 위한 할로윈 메이크업 워크숍 등의 문화행사가 진행된다.

열다섯 살 청소년들을 대상으로 하는 워크숍에서는 도서관 이용과 참고문헌 찾기 등 혼자서도 도서관을 쉽게 이용할 수 있도록 안내하며, 일대일 또는 집단 활동이 이루어지고 있다. 유아보호센터와 연계해서 읽기와 다양한 책모임이 진행된다. 덴마크 이주자들을 위해 덴마크어 수업도 진행하며, 이들이 쉽게 읽을 수 있는 덴마크어 책도 비치하고 있다. 이민자의 자녀들이 도서관에서 숙제 도움을 받을 수 있도록 봉사자들도 배치되어 있다.

또한 개인이 메일이나 전화로 필요한 정보를 받을 수 있도록 디지털 서비스가 마련되어 있고, 70년이 지난 책은 저자의 동의 없이 전자책으로 제작했다. 저널과 영어 도서, 일반 도서를 전자책으로 볼 수 있다. 왕립도서관은 유적, 지도, 오래된 고서를 디지털로 전환하고 있으며, 시립도서관은 인문학 도서들을 전자책으로 전환하고 있다.

옛것과 새것이 공존하는 블랙다이아몬드

　블랙다이아몬드Black Diamond로도 불리는 덴마크왕립도서관은 북유럽에서 가장 규모가 큰 도서관으로, 코펜하겐왕궁이 있는 슬로츠홀맨섬에 있다. 도서관이 자리 잡은 것은 1906년이며, 1968년에 규모를 확장하였다. 건축가 슈미트 함머 라센Schmidt Hammer Lassen이 짐바브웨에서 들여온 검은색 화강암과 검은 유리로 1999년에 건물을 완성하였다. 도서관 바로 앞으로 흐르는 운하에 비치는 마름모꼴 건물이 마치 다이아몬드처럼 보인다 하여 블랙다이아몬드라는 별명을 얻었다.

　소장하고 있는 자료는 3300만 종이고, 도서 및 잡지는 610만 권, 인쇄물 및 사진 1850만 종 그리고 팸플릿 및 기업 간행물 760만 종이 있다. 월요일부터 토요일까지 오전 8시부터 오후 10시까지 운영되며, 하절기인 7월~8월에만 오후 7시까지 운영된다.

　도서관은 퀸스홀, 전시실, 독서실로 나뉘어 있고, 독서실은 연구 자료실, 열람실, 신문잡지실로 구분되어 있다. 옛 도서관 건물 중앙에는 원형책장에 녹색 개별 스탠드가 놓인 나무 책상이 있다. 규모와 분위기에 압도되어 함부로 들어갈 엄두를 내지 못할 정도로 조용히 연구하는 사람들의 모습에서 시간을 초월한 듯한 느낌을 받았다. 독서실 연구좌석은 160석으로, 일정 시간 예약해 자기 자리로 사용할 수 있다. 서가에는 인문학과 신학 및 관련 도서들이 구비되어 있다. 600석 규모의 퀸스홀에서는 실내음악과 재즈, 문학 행사가 열리고, 7층에는 카페, 서점, 레스토랑이 있다.

덴마크왕립도서관은 국가서지를 담당한다. 전체의 10퍼센트에 해당하는 정기간행물, 지도, 음악 자료를 담당하고 있으며 나머지는 국가서지센터에서 담당한다. 덴마크왕립도서관의 모든 목록은 온라인 덴마크종합목록(bibliotek.dk)에서 검색할 수 있다.

덴마크왕립도서관에는 1482년 덴마크 오덴세 마을에서 인쇄된 책을 비롯하여 덴마크에서 출판된 모든 자료가 소장되어 있다. 또한 이 모든 자료를 디지털로 보존하고 있다. 쇠렌 키르케고르Søren Kierkegaard의 문서와 《구텐베르크 성서》 초판본도 보존되어 있다. 1634년 이후 덴마크에서 발행된 모든 신문을 소장하고 있으며, 1600년대 이후부터 현재까지 유명 인사들의 편지를 비롯해 특히 안데르센의 원고 필사본과 편지가 있다. 이들은 전시실인 몬타나홀에 전시되어 있다. 또한 10세기 이후의 자료들로 아시아 여러 나라에서 수집한 약 5000점의 필사본과 목판인쇄 자료가 있다.

덴마크왕립도서관은 웹과 모바일을 활용한 전자 자료를 제공하고 있으며, 약 50만 권의 전자책을 보유하고 있다. 아이패드를 빌려서 이들 자료를 열람할 수 있다. EOD(ebooks-on-Demand) 서비스를 통해 검색 가능한 전자책을 주문하여 파일을 이메일로 받아볼 수 있는데, 가격은 책 쪽수에 따라 달라진다. 유럽 여덟 나라(덴마크, 오스트리아, 독일, 에스토니아, 포르투갈, 헝가리, 슬로베니아, 슬로바키아) 국립도서관과 대학 도서관이 함께 유럽 프로젝트로 EOD를 활용하고 있다.

덴마크왕립도서관인 블랙다이아몬드에 대한 상세한 설명을 들으려면 예약을 해야 하며, 소정의 설명 비용이 청구된다.

△ 덴마크왕립도서관 블랙다이아몬드

역사를 담아 도서관을 만든 쿨투어베레프트

　헬싱괴르의 바닷가에 서면 멀리 크론보리성과 쿨투어베레프트Kulturvaerft의 자태가 웅장하게 펼쳐진다. 문화Kultur(쿨투어)와 조선소Vaerft(베레프트)가 결합하여 쿨투어베레프트가 된 것이다. 쿨투어베레프트가 위치한 헬싱괴르는 1882년부터 조선소가 있던 유명한 조선업의 고장이다. 이곳의 주민들은 조선업과 관련된 일을 하는 사람이 대부분이었다. 꽤 오랜 기간 명성을 떨치던 이 도시도 조선업이 사양산업이 되면서 1983년부터 불황에 빠지더니 결국 1989년 조선소의 폐쇄와 함께 쇠락하고 말았다. 3000명이 넘는 노동자가 일자리를 잃었다. 그 후 조선소는 굳게 문을 닫은 채 그대로 머물게 되었다. 이 거대한 조선소를 어떻게 활용할 것인가를 두고 여러 차례 논의와 제안이 오가던 와중에 시민을 위한 장소, 문화를 공유할 수 있는 장소를 만들자는 제안이 받아들여져 2003년에 문화센터 겸 도서관을 만들기로 결정했다. 당시 시장이던 페르 태르스뵐Per Tærsbøl과 문화부 장관이던 브라이언 미켈센Brian Mikkelsen이 적극 지지했다고 한다.

　거대한 조선소를 문화 공간으로 바꾸는 데는 국제 공모가 걸렸으며, 2006년 아르후스Arhus라는 젊은 기업의 작품이 선정되어 설계가 진행되었다. 2008~2010년에 걸쳐 공사가 진

△ 쿨투어베레프트 전경

행되었지만, 조선소 전체 리모델링은 아니었다. 일부만 개조한 것이기 때문에 현재 쿨투어베레프트 건물 뒤편에는 조선소 건물이 여전히 남아 있다. 무엇보다 중요한 것은 쿨투어베레프트가 한때 조선소 건물이었음을 입증하는 자료가 여기저기 잘 보존되어 있다는 것이다. 그들은 그 역사를 자랑스러워하고 있었다. 쿨투어베레프트와 크론보리성을 연결하는 중간 지점 지하에는 배를 건조하던 도크를 그대로 활용해 배 박물관을 만들었다.

    도서관 1층에는 안내 데스크를 중심으로 좌측으로 문화홀과 전시장이 있으며, 우측으로 어린이실이 있다. 2층은 일반 열람실이 마련되어 있다. 스쳐 지나듯 볼 곳이 아니라는 느낌이 어린이실을 들어서자마자 들었다. 종일 창가에 앉아 바라만 보아도 무슨 이야기든 들려줄 듯한 풍경에 넋을 잃고 말았다. 어린이실의 중점 목표가 "아이가 혼자 있기 좋은 장소가 되도록 하는 것"이라고 한다.

    1층 문을 열고 들어가면 들릴 듯 들리지 않는 소리가 있다. 바닥에는 마치 물 위를 걷고 있는 것처럼 물결이 일고 있다. 소리와 영상, 그 위에 배 모양의 흰색 작은 서가가 여럿 놓여 있다. 배의 부속품들은 멋진 서가로 변신했고, 장식장이 되기도 했고, 공연장이 되기도 했다. 과거 헬싱괴르 조선소에서 만든 배들이 벽면 가득 그려져서 지역의 역사를 말해주고 있었다. 역사와 문화의 창의적인 조합이 바로 어린이들의 공간 안에서 새롭게 탄생하고 있음이 놀라웠다.

    어린이실 한편에는 이야기를 들려주는 한센이라는 이름의 곰인형이 선실을 배경으로 앉아서 아이들을 기다리고 있었다. 한센은 헬싱괴르 조선소 노동자들의 작업복 차림이다. 한센은 1년에 두 차례 정도 여행을 떠났다 온다고 한다. 그러면 아이들은 기다렸다가 새로운 여행 경험을 듣기 위해 찾아온다고 한다. 실은 한센도 세탁이 필요하다. 자리를 비운 한

센을 찾는 어린이들에게 여행을 갔다고 살짝 하얀 거짓말을 하는 그들의 모습에 웃음이 절로 지어진다. 유아를 위해 자료실 중앙에 별도로 편안한 서가와 의자를 마련해 부모와 함께 책을 읽을 수 있게 하였다.

2층과 3층은 일반자료실로 성인들의 열람을 돕는 자료들이 현대적인 분위기 속에 꾸며져 있었다. 2층은 소설, 영화, 음악 및 게임, 3층은 사실문학, 신문, 잡지, 마을 역사 자료가 비치되어 있다. 특히 지역 자료로 마을의 역사, 전화번호부, 지역계획, 노동조합 역사, 신문, 족보 들이 있으며, 1800년대부터 나온 지역 신문을 마이크로필름으로 볼 수 있다.『헬싱괴르 백과사전』에는 750개 글이 있어서 지역 뉴스, 역사, 박물관 등을 찾을 수 있다. 지금도 지역에서는 한 달에 한 번 모여 지역을 바탕으로 하는 글을 쓰는데, 이것이 모여『헬싱괴르 백과사전』이 되고 바로 헬싱괴르의 역사가 된다. 지역 자료실에는 지역 자료를 전시하고 지역을 소개하는 사람이 있는데, 예약하면 안내를 해준다.

2층 중앙에는 지구본을 닮은 모양의 원형 서가가 놓여 있는데, 세계 여러 나라의 책이 있다. 안과 밖으로 꾸며진 서가와 그 가운데에 소파를 배치하여 편안하게 열람할 수 있는 공간을 보장하고 있다. 건물 지하에는 자료를 정리하는 곳이 별도로 있는 듯 보였는데, 밖에서도 보이긴 했으나 들어가지는 못했다. 그 바깥에 간단한 식사류와 커피를 파는 곳이 있었다.

도시 속의 책 숲 호어셜름 마을도서관

호어셜름Hørsholm은 코펜하겐에서 북쪽으로 25킬로미터 떨어진 곳에 있으며 인구 2만 5000명의 도시다. 이 지역은 정착민이 많이 살고 있으며, 부유한 편에 속한다. 마을 가운데 큰 호수를 따라 산책길과 넓게 펼쳐진 잔디 광장을 지나면 멋진 교회가 나오는데, 영화의 배경으로도 많이 소개되었다. 1823년에 C. F. 한센이 설계한 호어셜름 교회가 있다. 역에서 내려 마을까지 연결되는 버스를 타고 이동하면, 중심 상가와 도서관이 모여 있는 마을에 내리게 된다.

호어셜름도서관Hørsholm Bibliotek은 140년 역사를 자랑하는데 1871년에 장서 600권으로 공공도서관의 역사를 시작한다. 초기에는 장서를 이용하기 위해 연회비를 지불하는 방식이었다고 하는데, 그 당시 미숙련 노동자의 7~8시간 급여와 맞먹었다고 전한다. 이후 제대로 된 공공도서관으로 설립된 것은 1950년이었다. 덴마크에 새로운 공공도서관법이 제

△ ▽ 호어셜름도서관 내부와 외부

정되고, 지방자치단체는 10년 안에 무료 공공도서관을 지어야 했다. 호어셜름도서관은 1956년에 마을 외곽에 세워졌다가 1972년에 지금의 위치로 옮겨 건물을 새로 지은 것이다. 2011년에 리모델링을 통해 문화홀과 함께 도서관을 새롭게 지어 2014년에 새롭게 문을 열었다. 마을의 공공도서관이 세워지기까지 많은 사람의 수고와 노력이 깃들었다. 지금은 모두가 이용 가능한 포괄적인 커뮤니티를 위한 플랫폼을 만들자는 새로운 비전을 세우고 있다.

도서관을 새롭게 설계하면서 건축가는 이곳이 도시 속의 책 숲 같은 느낌이 나는 곳이길 바랐다. 서가 위에 무수히 많은 전구를 달아 별빛이 쏟아지는 듯한 형상을 표현했다. 도서관에 들어가면 반짝이는 수많은 전구의 아름다움에 감탄하게 된다.

호어셜름도서관은 월요일부터 일요일까지 오전 8시부터 오후 10시까지 개방하고 있다. 하루 900명 이상이 방문하고 있으며, 열일곱 명의 사서가 근무하고 있다. 하루도 휴관하지 않고 늦은 시간까지 개방할 수 있는 비결은 무인관리시스템이 있기 때문이다. 이 시스템은 코펜하겐중앙도서관에서도 적용하고 있는데, 건강카드 등을 이용하여 주민 스스로 문을 열고 열람과 대출을 할 수 있게 되어 있다. 그러나 이곳에서도 무인관리시스템의 도입으로 사서 등의 인원 감축이 이루어지고 있어 우려하고 있었다.

이곳에서는 지역사회와 연계된 도서관 서비스가 돋보였는데 도서관 자원봉사자들을 통해 컴퓨터 이용 안내, 노인을 위한 공공서류 작성 도움, 시각장애인을 위한 음성 녹음, 책모임 운영 등이 이루어지고 있다. 또한 1년에 100가구의 장애인에게 책을 배달하고 있다.

어린이들을 위해서는 연령에 맞게 여러 주제의 책을 선별하여 꾸러미를 만들어두고 있어 책 선택을 어려워하는 아이들에게 도움을 주고 있다. 언어 가방이라고 하여 잠잘 때 읽어주는 책, 운율이 있는 책, 낱말 게임 등이 담긴 다섯 개 언어로 된 가방을 대출해갈 수 있다.

1층과 2층은 내부 계단으로 연결되어 있는데 2층 매체 공간이 돋보였다. 매체 공간에는 CD, DVD, 3D프린터, 음악실이 있으며, 특히 음악 자료 공간에는 소리가 밖으로 퍼지지 않도록 천정에 음을 모으는 설비를 두었다. 다른 이용자에게 방해가 되지 않으면서도 음악을 들을 수 있는, 마치 음악 샤워기 같은 장치였다.

호어셜름도서관에는 마을 주민들 스스로 운영하는 책모임이 30개 정도 있는데, 도서관에서 방을 빌려서 토론을 진행한다. 특히 작가와의 만남, 책모임 행사 및 홍보에 도서관을 적극적으로 활용하고 있다. 학교에서 단체로 도서관을 방문하면 책 읽어주는 방, 영화방 등을 이용하며 고학년 어린이들에게 도서목록을 안내하고, 읽기 능력 향상을 위한 방법을 제시하며 새로운 문학과 작가에 관심을 갖도록 안내하고 있다.

주 석 요 약

1) 「작은도서관 어린이책 기본 장서 연구」_30p
   2017년 도서문화재단 씨앗의 기금으로 (사)어린이와 작은도서관협회가 주최하고 작은도서관이아름답다지원센터가 주관한 작은도서관정책연구지원사업 연구이다. 최은희를 책임연구자로 하고 이정향(수기초등학교 사서, 어린이도서연구회 회원)과 이경이(작은도서관 활동가, 어린이도서연구회 회원)가 공동연구하였다.

2) 「작은도서관 10년 활동가가 말하는 활동의 성과와 향후 과제」_53p
   김자영(천일어린이도서관 웃는책 관장)을 책임연구자로 김경희(대구 책마실도서관 관장), 김정희(호수공원작은도서관 부관장), 박미애(철암도서관 관장)이 공동연구자로 정책연구를 하여 만들어낸 자료다.

3) 그림책미술관시민모임 _89p
   사단법인 그림책미술관시민모임은 2012년 서울, 청주, 제주를 중심으로 그림책 공간 조성과 그림책 문화예술을 위해 만든 전국 네트워크 시민단체로 현재 한명희가 이사장을 맡고 있다.

4) '송정 그림책 마을 찻집' _90p
   2014년 부여 송정 그림책 마을을 기획 추진하여 2015년부터 2018년 3월까지 그림책과 마을을 연결해 마을 어르신들이 직접 그리고 쓴 23권의 그림책과 송정 그림책 마을 찻집을 완성하였다.

5) **세계 책과 저작권의 날(4월 23일)** _98p
유네스코가 4월 23일을 세계독서의날로 정한 까닭은 스페인 카탈루니아 지방 축제일인 '세인트 조지의 날St. George's Day'에서 유래한 것으로, 책을 사는 사람에게 꽃을 선물한다. 더불어 이날은 세계적인 대문호인 셰익스피어와 세르반테스의 사망일이기도 하다.

6) **'고맙습니다성산글마루 작은도서관'** _103p
마포구의 공립 작은도서관으로, 현재 한국청소년지원네트워크에서 위탁하여 운영하고 있다. 마포구에는 작은도서관협의회가 구성되어 마포구에 소재한 아홉 개 작은도서관이 함께 활동하고 있다.

7) **주택건설기준 등에 관한 규정 55조 2항 주민공동시설** _115p
세대수에 따른 주민공동의무시설로는 150세대 이상은 경로당과 어린이놀이터, 300세대 이상은 경로당, 어린이놀이터, 어린이집이다. 500세대 이상은 경로당, 어린이놀이터, 어린이집, 주민운동시설, 작은도서관을 설치해야 한다.

8) **각 나라의 도서** _127p
안산 다문화작은도서관에는 한국, 중국, 베트남, 인도네시아, 태국, 캄보디아, 필리핀, 몽골, 우즈베키스탄, 러시아, 일본 등 2016년 기준으로 1만 3000여 권의 책을 소장하고 있다.

부록

작은도서관 운영에 도움이 되는 책, 책, 책

『작은도서관이 아름답다』
(김소희 외 5인 지음, 청어람미디어, 2013) – 작은도서관의 개념 및 운영에 필요한 내용을 정리하고 있다.

『작은도서관 운동의 역사찾기』
((사)어린이와작은도서관협회 엮음, (사)어린이와작은도서관협회, 2018) – 작은도서관의 전신이라고 할 수 있는 문고, 노동도서원, 주민도서실 등의 역사를 담고 있다.

『미래를 만드는 도서관』
(스가야 아키코 지음, 이진영·이기숙 옮김, 지식여행, 2004) – 뉴욕공공도서관을 통해 도서관이 시민을 위해 무엇을 할 것인가를 묻는다.

『책문화공간과 도시재생』
(최준란 지음, HUINE, 2017) – 다양한 책문화 공간의 필요와 사례를 정리하고 있다.

『도서관과 작업장』
(엔뉘 안데르손 지음, 장석준 옮김, 책세상, 2017) – 영국과 북유럽을 비교하여 산업화 시기 무엇을 중점에 놓고 국가 정책을 세우는가를 살펴보았다.

『사서 빠뜨』
(즈느비에브 빠뜨 지음, 최내경 옮김, 재미마주, 2017) - 프랑스 어린이도서관의 시작에 함께했던 빠뜨 여사의 생각을 배울 수 있다.

『에르브 광장의 작은책방』
(에릭 드 케르멜 지음, 강현주 옮김, 뜨인돌, 2018) - 지역과 맞닿아 있는 서점과 작은도서관은 주민에게 어떤 책을 권해야 하는지를 고민하고 있다.

『이런 사람 있었네 - 도서관운동가 엄대섭 평전』
(이용남 지음, 한국도서관협회, 2013) - 한국 공공도서관과 문고의 역사에서 가장 중요한 인물인 엄대섭의 생각과 행보를 담고 있다.

『작은도서관 업무편람』
(변현주 외 3인 지음, 문화체육관광부, 2014) - 작은도서관 담당 업무를 맡고 있는 공무원 참고 자료를 모았다.

『작은도서관 운영메뉴얼』
((사)한국어린이도서관협회 지음, 문화체육관광부, 2014) - 작은도서관을 운영하는 데 필요한 모든 부분의 내용을 매뉴얼로 정리하였다.

『다라야의 지하 비밀도서관』
(델핀 마누이 지음, 임영신 옮김, 더숲, 2017) - 가장 열악한 상황에서 도서관은 무엇을 하여야 할 것인가라는 질문에 대한 답을 찾을 수 있다.

『한국 공공도서관 운동사』
(이연옥 지음, 한국도서관협회, 2002) – 2000년대 초까지 한국 공공도서관 운동사를 정리하였다.

『한국 공공도서관 운동론』
(강대훈 지음, 도서출판 광주, 1990) – 한 시대를 살아가며 공공도서관은 어떤 역할을 해야 하는지를 설명하고 있다.

『총서 6: 소통과 협력으로 성장하는 공공도서관과 작은도서관』
(윤명희 외 4인 지음, 경기도사이버도서관, 2010) – 지역 안에서 공공도서관과 작은도서관은 어떤 내용을 소통하고 협력해야 하는지를 알려준다.

『우리 아파트에는 이야기가 산다』
(이야기두레 지음, 행복한아침독서, 2017) – 주민들이 스스로 만들어가는 공동체 공간의 사례를 이야기한다.

『마을을 사랑한 작은도서관 이야기』
(김계숙·최순예 지음, 대전마을어린이도서관협의회, 2017) – 대전에서 마을어린이 작은도서관을 일군 과정을 기록하고 있다.

『무어 사서선생님과 어린이도서관에 갈래요!』
(잰 핀버러 글, 데비 애트웰 그림, 서남희 옮김, 다산기획, 2016) – 미국 최초의 어린이실을 만든 무어 사서의 생각을 오늘에 다시금 새겨본다.

『어린이책의 다리』
(엘라 레프만 지음, 강선아 옮김, 나미북스, 2015) – 전쟁의 과정에서 피폐해진 어린이들에게 치유의 공간이 되었던 책과 도서관의 역할에 대해 생각해본다.

『유쾌한 혁명을 작당하는 공동체 가이드북』
(세실 앤드류스 지음, 강정임 옮김, 한빛비즈, 2013) – 작은도서관은 공동체 공간이다. 여러 사람과 공동체를 이루는 방법은 무엇인지 알아본다.

『지적자본론』
(마스다 무네아키 지음, 이정환 옮김, 민음사, 2015) – 삶의 모든 과정은 디자인이다. 생활의 주요 공간인 서점과 도서관에서 삶은 어떻게 디자인되고 있는가를 돌아본다.

『어린이·책·사람 그 만남을 위해』
(마츠오카 쿄코·히로세 츠네코 대담, 박종진 옮김, 느티나무도서관재단, 2008) – 일본 가정문고의 경험과 독서 활동에 대해 알 수 있다.

『동네도서관이 세상을 바꾼다』
(이소이 요시마쓰 지음, 홍성민 옮김, 펄북스, 2015) – 동네의 작은 책모임을 어떻게 만드는지, 동네 책모임은 사람들에게 어떤 희망을 심어주는지 알아보자.

『우리가 몰랐던 세상의 도서관들』
(조금주 지음, 나무연필, 2017) – 다양한 외국 도서관의 사례를 통해 우리 공공도서관의 현재와 미래를 그려본다.

『책을 지키려는 고양이』
(나쓰카와 소스케 지음, 이선희 옮김, 아르떼, 2018) – 책은 수집, 판매의 수단이기보다는 읽혀야 한다는 점을 상기시킨다.

『섬에 있는 서점』
(개브리얼 제빈 지음, 엄일녀 옮김, 루페, 2017) – 섬이라는 고립된 공간에서 책이 이어주는 사람들의 이야기가 담겨 있다.

『오늘의 도서관』
(이용남·이용훈·이경애, 한국도서관협회, 2019) – 한국 초기 공공도서관을 만들어 가는 과정에서 어떤 논의들이 있었는지 당시의 도서관 소식을 통해 살펴본다.

『세상 끝자락 도서관』
(펠리시티 해이스 매코이 지음, 이순미 옮김, 서울문화사, 2017) – 도서관이 시민의 공론장으로서 마을에 어떤 변화를 만드는지를 엿볼 수 있다.

『어린이책으로 배운 인생』
(최해숙 지음, 단비, 2018) – 어린이책을 사랑하고 작은도서관을 일군 사람의 진솔한 자기 이야기를 들어본다.

『도서관에서 책과 연애하다』
(안정희 지음, 알마, 2014) – 도서관 안에서 펼쳐볼 수 있는 다양한 북큐레이션 사례와 중요성을 알아본다.

여기는 작은도서관입니다
ⓒ 박소희 2019